C.H.BECK WISSEN

in der Beck'schen Reihe

Zu allen Zeiten übten geheime religiöse, nur Eingeweihten zugängliche Feiern eine große Faszination auf den Menschen aus – verhießen sie ihm doch, in deren Verlauf in eine besondere Nähe zum Göttlichen zu gelangen. Freilich erfordert die Annäherung an das Numinose eine Vorbereitung des Menschen, und so kennt jede Mysterienreligion verschiedene Stufen, die der Neuling überwinden muß, ehe er zum letzten Geheimnis vordringen kann. In dem vorliegenden Band werden verschiedene Mysterienreligionen des antiken Ägypten, Griechenlands und des alten Orients allgemeinverständlich und anregend beschrieben. Der Leser lernt die Wege der Initiation, die Opferbräuche und Priestergruppen ebenso kennen wie die Gesellschaftsschichten, aus denen sich die Mysten rekrutierten, und das Verhältnis des Staates zu den Religionsgemeinschaften.

Hans Kloft, Jahrgang 1939, lehrt seit 1977 als Professor für Alte Geschichte an der Universität Bremen; seine Forschungsschwerpunkte liegen im Bereich der römischen Kaiserzeit, insbesondere der Sozial-, Wirtschafts- und Rezeptionsgeschichte, sowie der Religionsgeschichte.

Hans Kloft

MYSTERIENKULTE DER ANTIKE

Götter – Menschen – Rituale

Verlag C.H.Beck

Mit zwölf Abbildungen

Die Deutsche Bibliothek – CIP-Einheitsaufnahme

Kloft, Hans:
Mysterienkulte der Antike : Götter – Menschen – Rituale /
Hans Kloft. – Orig.-Ausg. – München : Beck, 1999
(C. H. Beck Wissen in der Beck'schen Reihe ; 2106)
ISBN 3 406 44606 X

Originalausgabe
ISBN 3 406 44606 X

Umschlagentwurf von Uwe Göbel, München

Gesamtherstellung: C. H. Beck'sche Buchdruckerei, Nördlingen
Gedruckt auf säurefreiem, alterungsbeständigem Papier
(hergestellt aus chlorfrei gebleichtem Zellstoff)
Printed in Germany

Inhalt

Vorwort

Vor über dreißig Jahren haben mich meine Kölner Lehrer Reinhold Merkelbach und Ludwig Koenen an die antiken Mysterienkulte herangeführt. Sie taten dies als Philologen, anhand literarischer Texte und Papyri, und weckten damit ein Interesse, das mich im Studium und in meiner akademischen Lehrtätigkeit nie verlassen hat. Die vorliegende knappe Zusammenfassung hat das Ziel, ein religionsgeschichtliches Phänomen im Rahmen der allgemeinen Geschichte der Alten Welt verständlich zu machen. Die Darstellung will darüber hinaus nicht allein Wissen in Form von geschichtlichen Ereignissen und Entwicklungen vermitteln, sondern auch auf das nötige Handwerkszeug und die angewandten Methoden aufmerksam machen. Ob diese Absicht angesichts des knappen Raumes geglückt ist, müssen die Leser entscheiden. Mein besonderer Dank gilt Renate Brock und Claudia Haase, Bremen, für die Abfassung des Manuskriptes und den Mitarbeitern des Beck Verlages, besonders Herrn Dr. Stefan von der Lahr, für förderliche Hinweise und die abschließende Redaktion.

Bremen, im Januar 1999 *Hans Kloft*

I. Einleitung

Mysterien – Begriff, Attitüde, Kultus

Mysterien spielen im religiösen und mentalen Haushalt der antiken Welt eine überragende Rolle. Das Geheimnis, welches das griechische Wort *mysterion* meint, der Charakter einer geheimen, einer Arkandisziplin, die im Unterschied zum allgemeinen und offiziösen Religionsvollzug die Trennung von Eingeweihten und Nichteingeweihten betonte und auf Bewahrung der Kultgeheimnisse großen Wert legte, hat bis in die Gegenwart hinein immer wieder zu großen Anstrengungen geführt, die Mysterien zu entschlüsseln, sie zu „entzaubern". Dies ist der Wissenschaft zum großen Teil gelungen, aber es bleibt nach wie vor ein unerklärbarer Rest, der dem Phänomen unvermindert seine Spannung sichert. Die Faszination speist sich nicht zuletzt daraus, daß man auch das frühe Christentum als eine Art Mysterienreligion gedeutet und die unübersehbaren Parallelen als wesentliche Elemente der christlichen Botschaft verstanden hat. Der Vergleich ist nach wie vor wichtig und erhellend, weil er Übereinstimmungen und Unterschiede deutlicher hervortreten läßt. Andererseits ist es unumgänglich, die Mysterien nicht aus der Perspektive des frühen Christentums anzugehen, sondern sie aus dem religiösen Umfeld der griechisch-römischen Welt zu begreifen, so wie dies jüngst und mit Nachdruck Walter Burkert getan hat. Aber erst beide Folien zusammengenommen geben ein halbwegs zutreffendes Bild und lassen eine historische „Verortung" in Raum und Zeit zu. Ein derartiger Versuch wird im folgenden präsentiert.

Die *Terminologie* steht dabei mit guten Gründen am Beginn. In ihr artikuliert sich ein ursprüngliches Verständnis der damaligen Umwelt, wobei Sprache und Begriffe naturgemäß historischen Veränderungen und Erweiterungen unterworfen sind. Sie betreffen nicht zuletzt das Wort *mysterion* selbst. Die Verbindung zum Verb *myein* – schließen, verschließen – ist offenkundig, die *myesis* scheint eine Art Voreinweihung, eine vorbereitende Weihezeremonie im Demeterkult gewesen zu sein. *Mystes* bezeichnet nach Ausweis der Quellen den Eingeweihten, wie es die Dramatiker des klassischen Athen bezeugen; *mystikos* – geheimnisvoll – und *mysterion* – geheime Feier – gebrauchen griechische Autoren des 5. Jahrhunderts v. Chr. ganz selbstverständlich (S. 88).

Dieser ursprünglich religiöse Gehalt wird dann in späterer Zeit auf unterschiedliche Objekte ausgedehnt, die der Allgemeinheit nicht ohne weiteres zugänglich sind. In diesem Sinne können die wesentlichen Aussagen der Philosophie, besondere Praktiken der Medizin und der Magie als Mysterien bezeichnet werden und signalisieren damit einen übertragenen, ja inflationären Gebrauch, wie wir ihn von unserem Wort *Kult* auch heute kennen, wenn wir von *Kult*figur, *Kult*song, *Kult*wein reden, um die Besonderheiten und Exklusivität des Sujets hervorzuheben.

Diese sprachliche Entwicklung des Begriffes gibt erste Fingerzeige für die Interpretation der Sache selbst. Offensichtlich kam es im Verlauf der Zeit zu einer Ausweitung und zu einer übertragenen Verwendung, die nicht den Begriff *mysterion* allein betreffen. Neben dem Wort *mysterion* existieren andere Bezeichnungen. *Teleté* (verwandt mit *telos* – Ziel, Ende) wird sowohl als Einweihung, als Ritual und Feier verwandt. Es scheint eine intensivere Form, ein tieferes Eindringen in den Kult zu umschreiben. Davon abgeleitet ist *telesterion*, die Bezeichnung des Weihehauses der Demeter in Eleusis. Die Schau, *epopteia*, in den philosophischen und späten Zeugnissen als höchste Form der Einweihung bezeichnet, bringt einen zentralen Vorgang im Kultgeschehen auf den Begriff: das Anschauen, sich Versenken, Stillewerden angesichts heiliger Gegenstände und Rituale als kontemplative und letzte Stufe, sich dem Göttlichen zu nähern. Unser deutsches Wort *Scheu*, dem Schauder bezeichnenderweise benachbart, hat noch etwas von diesem religiösen Erlebnis aufbewahrt. *Zum Sehen geboren, zum Schauen bestellt* – für den Türmer in Goethes „Faust" (11288f.) bedeutet das Schauen eine ganz besonders erlebnisreiche Form der Aneignung. In andere Bereiche führen *ta or-*

gia, welche vielfach die geheimen Feiern im Umkreis der Demeter und des Dionysos charakterisieren. Verwandt mit dem Substantiv *orgé* (Aufwallung, Zorn, Leidenschaft) heben Orgien auf die emotionale Seite der Kultfeiern ab. Das Wort *orgiazein* kann *feierliche Handlungen vornehmen* wie auch *Orgien feiern* bedeuten. Daß Orgien im griechischen Bereich etwas mit enthusiastischer Verzückung zu tun haben und ein tiefes religiöses Erlebnis umschreiben, ist unserem Wortgebrauch fast ganz abhanden gekommen. Orgien – das sind für viele Menschen in erster Linie geheime und verwerfliche Festivitäten, bei denen Drogen und Sexualität die Hauptrolle spielen und enthemmenden Charakter besitzen.

Die Begriffe und ihre wortgeschichtlichen Hintergründe erschließen unterschiedliche und wichtige Dimensionen unseres Gegenstandes. Mysterien haben etwas mit Abgeschlossenheit und Verschwiegenheit zu tun. Sie gehen von einer rituellen Einweihung aus, einer *initiatio*, der lateinischen Entsprechung des griechischen *myesis*. Die religiösen Feiern aktivieren die emotionalen Kräfte im Menschen. Schauen und religiöse Versenkung gelten als ein hohes und erstrebenswertes Ziel insbesondere da, wo religiöses Erleben und philosophisches Denken sich gegenseitig durchdringen und beeinflussen. Dies war in der Nachfolge Platons (427–347 v.Chr.) besonders im Spätplatonismus der Fall, der in Plotin (204–270 n.Chr.) und Porphyrios (231–301 n.Chr.) seine wichtigsten Vertreter besaß, und in welchem Mysterienpraxis und philosophisches Denken eine eigentümliche Mischung eingingen.

All diese Merkmale umschreiben religiöse *Attitüden*, die weit über die Mysterienkulte im engeren Sinne hinausreichen und zum mentalen und religiösen Grundbestand der Alten Welt ganz allgemein gehören. Sie haben sich bekanntlich in unterschiedlichen Brechungen und Formen bis auf unsere Zeit erhalten, wenn wir an esoterische Zirkel, an Freimaurer, an religiöse Sekten denken, die in unterschiedlicher Form Mysterienelemente verwenden. Es kommen wichtige Bestandteile hinzu, die an dieser Stelle stichwortartig genannt und im Zusammenhang der einzelnen Kulte ausgebreitet werden: eine zentrale Kultgottheit, welcher die Verehrung gilt; eine reiche rituelle Praxis, in welcher die Verehrung Formen annimmt; ein erklärender Mythos, eine Geschichte, welche das heilige Geschehen im Wort gegenwärtig werden läßt. Es existieren Priesterschaften und Kultanhänger, auf deren soziale Einordnung die Forschung ihr ganz besonderes Augenmerk gerichtet hat: Sklaven, Händler, Soldaten und Frauen, neben Angehörigen von Randgruppen in einzelnen Kulten auch solche der Oberschicht. Nimmt man diese Phänomene zusammen, dann verdichten sich die Attitüden bzw. religiöse Praktiken doch zu erkennbaren Organisationsformen, auf welche der Terminus *Kulte* sehr wohl zutrifft. Mysterienkulte besitzen ein religiöses und auch soziales Profil, über dessen Konturen sich trefflich streiten läßt, die aber doch vorhanden sind. Mysterienkulte sind alles andere als geschlossene Systeme; vielmehr halten sie sich offen zur herkömmlichen Götterwelt, zu philosophischen und astrologischen Spekulationen – prinzipiell offen auch, was die Anhängerschaft betrifft (S. 93 ff.).

Der *Synkretismus*, die Vermischung mit benachbarten Gottheiten und die Integration anderer Glaubensvorstellungen und Religionspraktiken, mit Recht als eines der wichtigsten Merkmale der Mysterienkulte bezeichnet, macht Abgrenzungen im Einzelfall schwierig, besonders in der Spätantike, in welcher die einzelnen Mysterienkulte die Tendenz besitzen, sich in wesentlichen Punkten anzunähern: Das Göttliche wird als Eines begriffen (Monotheismus), welches lediglich in verschiedenen Gestalten und Namen erscheint, als oberstes Prinzip, dem andere göttliche Personen oder Kräfte untergeordnet sind (Henotheismus). Isis wird als eine umfassende Allgöttin verehrt, die Kybele, Minerva, Aphrodite, Ceres, Juno und viele andere mehr in sich vereinigt (Apuleius, Metamorphosen 11,5). Man kann diesen Synkretismus, in welchem die Grenzen zu verschwimmen scheinen, als Auflösungserscheinung begreifen (S. 108), aber er macht eine sinnvolle Zuordnung von Gottheiten, Ritualen, Mythen und Kultanhängern nicht unmöglich.

In dieser offenen Form und mit diesen weichen Konturen werden die Mysterienkulte im folgenden thematisiert. Dabei ist die Frage, ob es sich bei diesen Phänomenen nicht sehr wohl um *Religionen* handelt, nicht nur eine Frage der Kriterien, sondern auch ein Problem unserer Kenntnisse, was wir von den Mysterien wirklich wissen. Franz Cumont (1868–1947), der große belgische Religionshistoriker, sprach wie andere Forscher auch ganz unbefangen von *orientalischen Religionen*, während Walter Burkert, der zur Zeit beste Kenner der Materie, die Bezeichnung meidet und eine Analyse der einschlägigen Phänomene bevorzugt. In der Tat besitzen Religionen einen universelleren Zuschnitt. Sie bieten den Menschen in der Regel ein umfänglicheres theologisches System an und sind auch flächendeckender als die einzelnen Kulte. So sprechen wir mit Recht vom Herrscher*kult* im Rahmen der römischen Religion der Kaiserzeit. Er stellt ein Einzelphänomen dar, wobei gar nichts über die Intensität und die Echtheit der religiösen Überzeugung ausgesagt ist. Trotz aller erstaunlicher Verbreitung der Mysterienkulte im Imperium Romanum fehlt aufs ganze gesehen eben doch der universale Charakter. Diese Feststellung scheint auch auf das theologische Gebäude der Kulte zuzutreffen, bei denen die Rituale, der praktische Vollzug heiliger Handlungen im Vordergrund stehen.

Was Verbreitung und Inhalt betrifft, besitzen die Mysterienkulte eine erkennbare *Entwicklung*. Wir unterscheiden orientalische Vorformen, die, vom Demeterkult einmal abgesehen, in der Zeit des Hellenismus nach Alexander dem Großen (356–323 v. Chr.) eine erste wichtige Umformung und Ausprägung erfahren. Mysterienkulte erleben ihre Blüte in der römischen Kaiserzeit; das Imperium Romanum mit seinen vielfältigen Kommunikationsmöglichkeiten, dem Austausch von Militär und Handel, begünstigte ihren Erfolg in Italien und den römischen Provinzen. Hier werden Isis und Osiris, Kybele und die syrische Göttin, Dionysos und Mithras von gläubigen Anhängern verehrt, die am Schicksal der Gottheit in ganz persönlicher Weise teilhaben wollen. Niedergangstendenzen sind bereits vor dem Sieg des Christentums im 4. Jahrhundert n. Chr. auszumachen. Dieses setzt sich, wenn man es historisch betrachtet, gegenüber den Mysterienkulten und den übrigen heidnischen Religionen der Spätantike durch, ein Weg, der durch Widerstand und Auseinandersetzung, aber auch durch Anpassungen gekennzeichnet ist. Das Christentum hat die antiken Mysterienkulte, um ein berühmtes Wort Hegels aufzunehmen, „aufgehoben", womit beides, *Aufbewahrung* und *Überwindung* seinen angemessenen Ausdruck findet.

Diesen historischen Weg, den die Kulte in der Antike nehmen, muß man ergänzen durch systematische Überlegungen, die den Typus Mysterienkult abheben gegenüber den heidnischen Religionen einerseits und dem Christentum andererseits. Typenbildung ist vor allem durch Max Weber (1864–1920) zu einem notwendigen und aufschlußreichen Verfahren auch in der Geschichtswissenschaft geworden. Ob man einen Typus *Stadt*, *Adel* oder *Bürgertum* bildet, immer gehen bei derartigen Abstraktionen einzelne historische Züge verloren. Aber man gewinnt eine begriffliche Meßlatte, die behilflich sein kann, die Einzelheiten besser zu verstehen. Der Typus *Mysterienkult* (S. 84f.) versucht, einzelne wesentliche Bestandteile konstruktiv zu bündeln. Der Typus erlaubt es, das Allgemeine und das Besondere besser zu erfassen, Demeter, Dionysos, Isis und Mithras samt ihren Kulten angemessen einzuordnen.

Die Überlieferung

Nun ist es bei einer derartigen Rekonstruktion durchaus umstritten, wie weit der Historiker den Weg der Typenbildung gehen soll und muß. Grundlage aller Modellüberlegungen sind und bleiben die antiken *Quellen*, die über die Mysterien, aufs Ganze gesehen, eher dürftig als ausführlich berichten. Sie angemessen zu interpretieren, ist zunächst Sache der einschlägigen Grundwissenschaften, der Philologie, wo es um literarische Texte, der Papyrologie, wo es um Papyri, der Epigraphik, wo es um Inschriften geht. Eine herausragende Rolle spielt dabei die Archäologie; Monumente, Kultgegenstände und Kulträume geben wichtige Fingerzeige, was die Kultpraxis betrifft. Sie bilden vielfach die einzigen Belege für die Verbreitung der Mysterien. All diese Überreste verstehen sich nicht von selbst, sie bedürfen der kritischen Sichtung und der Interpretation, die oft ein mühsames Geschäft darstellt. Einige Beispiele für die Art der Quellenbasis können diesen Sachverhalt illustrieren:

Der Hymnus auf die Göttin Demeter aus dem späten 7. Jahrhundert v. Chr. erzählt den Mythos vom Raub ihrer Tochter Kore bzw. Persephone durch Hades, den Herrscher der Unterwelt und von der Einsetzung des Kultes in Eleusis durch Demeter selbst. Hier haben wir eine Art nachträglicher Stiftungsurkunde in Gebetsform mit Hinweisen auf den Vollzug der heiligen Handlungen, die als solche geheim bleiben mußten und die es zu entziffern gilt. Der römische Historiker Livius (59–17 v. Chr.) berichtet in seinem Geschichtswerk ausführlich über die Feiern der Dionysos- bzw. Bacchusmysterien in Rom; dabei macht er Angaben über die Aufdeckung der „geheimen Umtriebe" und die Verfolgung der Anhänger des Kultes in Rom und Italien, den er aus seiner Sicht als kriminelle Vereinigung begreift und entsprechend gefährlich ausstattet (Livius 39,18,13 ff.).

Die antiken Romane, nennen wir als Beispiele die „Metamorphosen" des Apuleius von Madaura (2. Jahrhundert n. Chr.) oder die anmutige Erzählung von „Daphnis" und Chloe aus der Feder des Longos aus Lesbos (2. Jahrhundert n. Chr.), hat man als verschlüsselte Mysterienvorgänge gedeutet (Merkelbach). Irrfahrten, Prüfungen, Verwandlungen, Wiedererkennen, Vereinigung und Rettung werden in anschaulichen Episoden vorgestellt und lassen sich auf ein religiöses Grundmuster beziehen, das auch den Mysterienkulten eigen ist. In dieser Hinsicht besitzen die Romane der Antike so etwas wie einen doppelten Boden. Wieviel dabei an Mysteriengehalt aus den Romanen herausgelesen, wieviel möglicherweise in sie hineingelesen wurde, muß die philologische Einzelinterpretation zeigen.

Wichtige Kenntnisse verdanken wir schließlich frühchristlichen Schriftstellern, den *Apologeten*, welche die neue Glaubenswahrheit gegenüber der heidnischen „Konkurrenz" verteidigen wollten. Firmicus Maternus schreibt um 347 n. Chr. eine Anklageschrift gegen das Heidentum „De errore profanarum religionum" (über den Irrtum der heidnischen Religionen); unter Aufbietung aller (angeblicher) Scheußlichkeiten und Unsittlichkeiten in den Mysterienkulten will er auf ein Verbot durch die christlichen Kaiser Constantius und Constans hinwirken. Die Schlechtigkeit bedarf der Illustration. Auf diese Weise erfährt man wichtige Interna der Kulte, die freilich zumeist anders verstanden werden müssen als der christliche Autor meint. Die wenigen Beispiele verdeutlichen: literarische Berichte besitzen in aller Regel eine Tendenz, sind vielfach instrumentalisiert und eklektisch, d.h. sie wählen nur ganz bestimmte Seiten aus, die für ihre Argumentation verwandt werden können. Nichtsdestoweniger sind sie besonders dort, wo es um die Intentionen von Mysterienkulten geht, unerläßlich, da sie die Sinnhaftigkeit religiösen Handelns auch noch in entstellter Form erkennen lassen.

Inschriften beleuchten eine andere wichtige Seite der Kulte: Sie nennen die Anhänger, die eine Statue oder einen Altar stiften, dokumentieren die soziale Stellung der frommen Verehrer; erst durch Inschriften läßt sich einigermaßen verläßlich klären, in welcher Weise der jeweilige Kult in die Mittel- bzw. Oberschicht eindringt; war der Mithraskult vornehmlich eine Soldatenreligion? Wandte sich der Isiskult in der Hauptsache an Frauen der unteren Schichten? Lassen sich Veränderungen in der Zusammensetzung der Gläubigen ausmachen? Die Beantwortung derartiger religionssoziologischer Fragen hängt von der Menge und der Güte des Materials, der Inschriften, ab.

Eine ausführliche Inschrift aus der römischen Kaiserzeit bezeugt eine Oberpriesterin Agrippinilla, die Gattin eines römischen Konsuls, als Vorsteherin eines möglicherweise familialen Dionysoskultes (Nilsson, GGR 2,358f.). Hier wie in vielen anderen Fällen läßt sich in der Tat zeigen, wie Kulte an sozialer Reputation gewannen, in welcher Intensität sie in den jeweiligen Reichsgebieten verankert waren.

In diesem Punkte ist der Quellenertrag der *Papyri* anders gelagert. Das Schreibmaterial stammt aus Ägypten, die Überlieferung ist also lokal eingeschränkt. Dies schmälert ihren Inhalt keineswegs. Was etwa die Göttin Isis den Verehrern bedeutete, läßt sich aus den sogenannten Isisaretalogien ablesen, hymnischen Preisungen, die in Form einer Litanei von den Gläubigen vorgetragen wurden. Sie sind auf Papyri, daneben aber auch inschriftlich erhalten und lassen so die weite Verbreitung der Gebetsformeln erkennen. Ein in jüngerer Zeit veröffentlichter Katechismus, ein Dialog in Form von Frage und Antwort, der höchst wahrscheinlich zur Unterweisung im Mithraskult diente, gewährt einen tiefen Einblick in die Vorbereitungen der Einweihung (Initiation), die als solche nicht auf den Mithraskult beschränkt war (S. 75). Auch die sogenannte *Mithrasliturgie*, eine zauberische Anleitung, wie der Mensch dank magischer Kräfte zum Göttlichen aufsteigen kann (Nilsson, GGR 2, 686 f.), ist auf einer großen Papyrusrolle erhalten, die heute in Paris liegt. Sie ist ein faszinierendes Zeugnis für einen magisch verstandenen Mysterienglauben, wie er sich in der Spätantike allgemein ausbreitete.

Es ist für uns ein besonderes Glück, daß diese Dokumente ergänzt und illustriert werden durch die *archäologische Überlieferung*: Statuen der Demeter und Kore, der Isis und des Dionysos, Tempel und Kulträume, unter denen die Mithräen besonders zahlreich sind. Kultgegenstände wie Musikinstrumente, Gefäße und Opferschalen machen mit dem Vollzug der Mysterienkulte vertraut. Das teilweise durch Beilhiebe zerstörte Mithräum unter St. Prisca auf dem Aventin in Rom beweist, wie sich das siegreiche Christentum im 4. Jahrhundert seiner Konkurrenten entledigte. Die Verbreitung und die Reichweite der Kulte im Imperium Romanum würde man ohne die archäologischen Quellen überhaupt nicht abschätzen können.

Freilich bleiben die Monumente und die Sachüberlieferung vielfach stumm, wenn man fragt, was sie bedeuten und welche Absichten ihnen innewohnen. Die Stiertötung (Tauroktonie) durch Mithras, bildlich in vielen Variationen überliefert, bleibt eine klare Auskunft schuldig, wie dieses zentrale Kultgeschehen zu verstehen sei. Den Jupiter Dolichenus, den orietalischen Himmelsgott auf dem Stier aus dem Heiligtum Doliche in Nordsyrien, zeigen die Darstellungen vielfach im Zusammenhang mit anderen Göttern und Göttinnen. Was die

Jupiter Dolichenus auf einem Stier, in der Rechten die Doppelaxt, auf dem Kopf die phrygische Mütze, über ihm Victoria, die ihn bekränzen will, und Sol mit dem Strahlenkranz. Unter ihm Isis auf einer Hirschkuh, flankiert von zwei Berggöttern, die Luna (links) und Sol (rechts) auf dem Haupte tragen. Weiheblech, 2. Jh. n. Chr., aus Heddernheim, jetzt Museum Wiesbaden.

Art seiner Verehrung angeht, so bleibt der bärtige Gott mit der Doppelaxt in der Rechten weithin ein Rätsel.

Ein religiöses Profil läßt sich einigermaßen erschließen, Kultgegenstände und Weihegeschenke legen nahe, daß es eine innere Verwandtschaft zum Mithraskult gegeben hat, aber sichere Nachrichten in Form literarischer Hinweise fehlen. So bleibt nur die bildliche Aussage.

Wie auf keinem anderen Feld sind bei der Erforschung der Mysterienkulte die einzelnen Zweige der Altertumswissenschaft aufeinander angewiesen, die klassische Philologie mit Papyrus- und Inschriftenkunde, die Archäologie und die Geschichtsforschung. Die Zusammenarbeit versteht sich seit den Arbeiten und dem Wirken von Franz Cumont, der in bewundernswürdiger Weise alle Quellenzeugnisse zu nutzen und aufzuschließen verstand, nahezu von selbst. Aber die Interpretationen haben, was der Außenstehende meist vergißt, in vielen Fällen lediglich den Charakter von begründeten Vorschlägen, die man nur allzu gern zu einem stimmigen Gesamtbild zusammenfügen will, ja mit historischer Phantasie anreichern muß, wenn es um das Verständnis des Ganzen geht. Dabei lassen sich auch die Ergebnisse der Nachbarwissenschaften, der Religionswissenschaft und der Orientalistik, der Anthropologie und der Psychologie mit Gewinn heranziehen. Aber die Mysterien bleiben bei allem wissenschaftlichen Aufwand bis zu einem gewissen Teil das, was sie zu sein vorgeben: Geheimkulte, deren Konturen greifbar sind, deren Interna sich aber nicht vollständig erschließen lassen. Sie bleiben bei aller Ähnlichkeit in gewissem Sinne auch Einzelkulte, die ihre spezifischen Züge nicht zuletzt der lokalen Herkunft verdanken. Die fünf Kulte, die in ihren Grundzügen vorgestellt werden, decken ein repräsentatives Spektrum ab, im Hinblick auf ihre Herkunft, ihre Ausprägung und die Entwicklung, die sie im Verlaufe der Zeit genommen haben. Die generellen Ausführungen im siebten Kapitel fußen auf dieser Materialgrundlage. Der Versuch, ein Gesamtbild zu zeichnen, bleibt Anspruch und Herausforderung für die Wissenschaft.

II. Demeter und Eleusis

Eleusis in Attika, ca. 20 km von Athen in einer fruchtbaren Ebene gelegen – „ein Fruchtland voll wie ein Euter an Nahrung“ (Homer, Hymnus an Demeter 450), – das schon seit der Prahistorie den Anbau von Getreide kannte, besaß bereits in archaischen Zeit ein unscheinbares Heiligtum zu Ehren einer mächtigen Mutter- und Erdgottheit mit Namen Demeter. Die frühen Riten, mit denen sie als Gründerin und Garant der Getreideernte gefeiert wurde, lassen sich nur noch erahnen. Die Deutung des Namens macht einige Schwierigkeiten, nur der zweite Bestandteil *meter* – Mutter – ist eindeutig. Ebenso lassen sich die vielfältigen äußeren Einflüsse, welche das Profil dieser Göttin mit bestimmen, nicht bis ins Letzte klären. Elemente vorderasiatischer Mythen, in denen Götter den Gang in die Unterwelt (*katabasis*) antreten, indogermanische Vorstellungen einer Kornmutter bzw. eines Kornmädchens, und schließlich uralte lokale Erfahrungen mit mächtigen chthonischen Gottheiten, deren Reservat die bedrohliche Unterwelt war, mögen sich in der Gestalt der Demeter zusammengefunden haben. Sie ist die göttliche Wesenheit, „die das Leben, den Lebensunterhalt gibt und der die Toten gehören" (W. Burkert), sie ist die wirksame Heilerin, an die sich die Menschen mit ihren körperlichen Gebrechen wenden und bei der sie Heilung suchen. Die Pflege der Gottheit lag in den Händen lokaler Adelssippen, ehe die Gemeinde die Verehrung der Demeter zu ihren Aufgaben machte.

Im entwickelten Kult von Eleusis sind der Demeter verschiedene Personen zugeordnet, welche das heilige Geschehen verständlich machen. Der Mythos, die heilige Geschichte (*hieros logos*), weiß zu berichten, daß Kore, ihre Tochter, vom Unterweltsgott Hades gewaltsam entführt wurde, der sie mit Wissen des obersten Gottes Zeus zu seiner Gattin machte. Als Herrin des Totenreiches trug sie den Namen Persephone. Demeter, die ihr Kind überall auf der Erde suchte, ließ keine Saaten mehr wachsen. Endlich gelang es den Göttern durch Vermittlung des Hermes, daß Kore-Persephone wieder zur Oberwelt zurückkehren durfte. Aber sie hatte vorher auf Anraten ihres Gatten vom Granatapfel, dem „Blutsakrament der Unterwelt" (W. Burkert) gegessen. Dies hatte zur Folge, daß sie dorthin wieder zurück mußte. Schließlich kam eine Einigung, ein „Vertrag" zustande, nach welchem Kore-Persephone ein Drittel des Jahres bei ihrem Gatten, die übrige Zeit hochgeehrt bei den Göttern im Olymp verbringen sollte. Diesem Kompromiß konnte Demeter zustimmen, „und die ganze Erde strotzte wieder von Blättern und Blüten" (Hom. Dem. 472f.).

Es liegt im Wesen des Mythos, der heiligen Erzählung, daß sie nie ganz abgeschlossen ist und eine historische Deutung dadurch erschwert wird. Einigermaßen klar ist, daß Kore gleichsam das zweite Ich der Demeter bezeichnet, ihre jugendliche Ausgabe in Gestalt eines blühenden Mädchens. Hades, männlicher Gegenspieler und auch Partner, verkörpert in ambivalenter Weise Tod und Reichtum. Reichtum – *Plutos* – als wichtiges Gottesgeschenk der Unterwelt, wird im Kult dann zu einer eigenen göttlichen Kraft abgeschichtet; Plutos, als Sproß der Demeter, personifiziert den Erntesegen. Eine wichtige Stellung im heiligen Drama nimmt Triptolemos, der „Dreimalschüttler", ein, der also das Getreide gründlich worfelt und reinigt. Die ursprüngliche Nebenfigur entwickelt sich seit dem 6. Jahrhundert mehr und mehr zum Heros des Ackerbaus, der mit den Segnungen der agrarischen Wirtschaftsweise den Menschen zugleich Kultur und Gesittung bringt. Er gewinnt über Eleusis hinaus weite Verbreitung in anderen Getreideanbaugebieten, so in Sizilien und Unteritalien.

Ackerbau – Getreide – Unterwelt sind die drei Bereiche, aus denen Personen und Kulthandlungen in Eleusis erwachsen und allmählich Konturen erhalten, die der Mythos zusammenfügt. Dies geschieht seit dem 6. Jahrhundert in erkennbarem Zusammenhang mit der steigenden Bedeutung Athens, welches wahrscheinlich unter der Tyrannenherrschaft der Peisistratiden (561–510 v. Chr.) den lokalen zu einem offiziellen attischen Staatskult umformt und die ursprünglichen Vegetationsfeiern auf festere institutionelle Grundlagen stellt. An der Spitze des Kultpersonals etablieren sich auf Dauer die Angehörigen zweier berühmter Familien, der *Eumolpiden*, welche das Amt des *hierophantes* wahrnehmen, also des Priesters, der die heiligen Dinge sichtbar macht, daneben der *Kerykiden*, die den *daduchos* (Fackelhalter) und den *hierokeryx* (Opferherold) stellen. Auch das Weihehaus (*telesterion*), ein quadratischer Bau, der in seiner späteren Erweiterung bis zu 3000 Menschen aufnehmen konnte, erhält einen festeren Umriß. Er umschließt das *anaktoron*, „Palast" genannte Kultzentrum, einen flachen Altar mit Eingang und Gruben, der nur dem Hierophanten zugänglich war.

Im Monat Boedromion (September/Oktober) finden die großen Mysterienfeiern statt, auf welchen Tausende von Athenern und Fremde auf der heiligen Straße nach Eleusis pilgern. Trotz dieser gewaltigen Zahl bleiben die Einweihung und die Teilnahme an den Mysterien individuelle Akte, welche in ihren einzelnen Bestandteilen sehr wohl typischen Charakter tragen. Reinigung und Fasten, Anlegen weißer Gewänder, das Mitführen heiliger Gegenstände in verschiedenen Behältnissen, Gesänge und Gebete auf dem Wallfahrtsweg, das Opfer eines kleinen Ferkels – all dies sind vorbereitende Handlungen, ehe sich im *telesterion* die *myesis*, die eigentliche Einweihung ereignet. Sie stellt den Höhepunkt der Feiern dar, ein Ereignis, worüber der Myste, der Eingeweihte, strenges Stillschweigen zu bewahren hatte. Die Riten besitzen den Charakter des *Unsagbaren* und des *Verbotenen*, sie sind *árrheta und apórrheta*. Sie vermitteln damit dem Sakralen, den Nimbus besonderer Exklusivität.

Erahnbar ist bei diesem zentralen Kultakt, der unter geschickter Ausnutzung von Licht- und Dunkeleffekten ablief, die Präsentation heiliger Dinge und Personen. Die Schau, *epopteia*, gehört hier wie auch bei anderen Mysterien wesentlich zum Vorgang dazu. Möglicherweise wird Kore unter Gongschlägen aus der Unterwelt heraufgeholt; daneben spielt auch die Ankündigung der Geburt eines göttlichen Knaben (Brimos, Iakchos, Plutos) und eine abgeschnittene Ähre eine Rolle als Hinweis auf Tod und Fruchtbarkeit. Die dramatische Vergegenwärtigung der göttlichen Geheimnisse, der religiöse Pantomimus, ist dabei nur ein Teil des Geschehens. Heiliges Zeigen (*deiknomena*) und heiliges Sprechen (*legomena*), die sich an den Einzuweihenden richten, finden ihre Ergänzung im heiligen Tun (*dromena*); es wird das umrißhaft greifbar im sogenannten *synthema*, eine Art Geheimcode, welcher die zentralen Vorgänge thematisch zusammenfaßt und bei Clemens von Alexandrien wie folgt überliefert ist (Protreptikos 21,2):

Ich fastete – ich trank den Mischtrank (Kykeon)
ich nahm aus der Kiste,
ich hantierte (mit Gegenständen)
und legte dann in den Korb
und aus dem Korb wieder in die Kiste

Wichtiger als die Frage, welche Gegenstände die heilige Kiste (*cista mystica*) wohl enthalten haben dürfte – man hat dabei an Nachbildungen des männlichen Gliedes und des Mutterschoßes, aber auch an symbolträchtige Werkzeuge im Kontext der Getreideverarbeitung gedacht – ist die Funktion dieses Vorgangs. Der Myste wird selbst tätig, er bereitet sich vor; er nimmt einen „sakramentalen Trunk" (G. Haufe), berührt und hantiert mit heiligen Gegenständen. Das bindet ihn zusätzlich in das Geschehen ein und nähert ihn dem Heiligen an. So kennt die Initiation sowohl das passive Schauen und Erleiden wie auch das nachahmende Tun. Beide Modalitäten gehören in den Kontext archaischer Fruchtbarkeitsvorstellungen, in elementare Naturvorgänge, die zwar untergründig schon immer vorhanden und wirksam waren, in die der Initiand aber durch einen spektakulären Akt persönlich eingebunden werden will.

Die Rituale, welche die Mysterien herausgebildet haben, gewinnen teilweise ihre Erklärung im Mythos, welcher den *hieros logos*, die heilige Geschichte, aufbewahrt. Er trägt für die Mysterienfeiern der Demeter begründenden Charakter. Der schon erwähnte Hymnus läßt die Hauptzüge, wie sie oben zusammengefaßt wurden, deutlich erkennen. Der Kult feiert das Absterben der Vegetation und ihr Aufblühen im Frühjahr, daneben thematisiert er aber auch das Hervorholen von Saatgut, das Bergen der Ernte in unterirdischen Kornkammern, und dies in Anbindung an die Lokalität und an Personen aus Eleusis. Hier herrschte seinerzeit König Keleos, an seinem Hofe wurde Demeter in Gestalt einer alten Frau als Amme angestellt. Hingebungsvoll kümmerte sie sich um den Königssohn Demophon, dem sie durch eine Art Feuertaufe Unsterblichkeit verleihen wollte, an diesem Ort war die Tochter aus der Unterwelt aufgetaucht. Hier sollten nach Willen der Göttin Opferdienste und geheime Weihen (*hierá* und *órgia*) an das heilige Geschehen erinnern. Demeter selbst hat den Kult gestiftet, Auflagen und Erwartungen formuliert, die damit hohe Verbindlichkeit besitzen.

Der Hymnus benennt als Kultpersonal bereits die Eumolpiden, er kennt den späteren Ackerbauheros Triptolemos. Der Hymnus schärft ferner die Geheimhaltung der Mysterien ein, die keiner „verletzen, erforschen oder verkünden darf“ (Hom. Dem. 478f.). Und nicht zuletzt läßt er auch einen Blick auf die Wirkungen zu, die den Mysterien zugesprochen werden.

> *„Selig der Erde bewohnende Mensch, der solches gesehen.*
> *Doch wer die Opfer nicht darbringt oder sie meidet, wird niemals*
> *teilhaft solchen Glücks; er vergeht in modrigem Düster.“*
> (Hom. Dem. 480–482, Übersetzung A. Weier).

Die Seligpreisung im Demeter-Hymnus spricht die Erwartungen aus, welche den Mysten in seinem Tun leiten: Bewältigung der Todesangst und Hoffnung auf ein glückseliges Jenseits, auf ein wirkliches Leben im Unterschied zu den Nichteingeweihten, die Unheil zu gegenwärtigen haben, wie es andere Quellen ausführen. Wie die Saat im Herbst und Winter abstirbt und zum Frühjahr zu neuem Leben erwacht, wie Kore in die Unterwelt verbracht wurde und wieder zurückkehrt, so hofft der Myste auf ein analoges Schicksal, für welches er sich durch heiliges Tun rüsten kann. Man hat an diese Heilserwartung weitere Spekulationen angeschlossen und die Kultfeier gedeutet als Begegnung mit dem eigenen Unbewußten oder als Einbindung in einen kosmischen Gesamtzusammenhang und naturhaften Kreislauf. All diese Vermutungen besitzen eine gewisse Plausibilität. Wahrscheinlich haben auch im Verlauf der Geschichte die Erwartungen durch philosophische Spekulationen konkretere Gestalt angenommen. Auf den Demeterkult wirken die allgemeinen Mysterienvorstellungen im 5. und 4. Jahrhundert v.Chr. zurück, wie andererseits die Kultpraxis von Eleusis als Vorbild und Anregung für andere Mysterien diente. Aber die „Seligkeit“, der Glückszustand bleiben wenig faßbar, sie lassen sich nur schwer in Worte kleiden. Das gab der eigenen Imagination in wünschenswerter Weise freien Raum.

Verläßlicheren Boden betritt man bei der Suche nach der weiteren historischen Entwicklung, der Verbreitung und den ethischen Überzeugungen. Gerade dieses Profil ist für die Mysterienkulte insgesamt von großer Wichtigkeit (S. 99ff.). Der Demeterkult haftet an Attika und war durch die lokale Aristokratie zusätzlich in das religiöse Leben der Polis Athen eingebunden. Der sozialen Verankerung in das Gemeinwesen diente seit hellenistischer Zeit die Gründung von Kultvereinen – mittelalterlichen Schützenbruderschaften nicht unähnlich –, die sich um die festliche Außenseite der Mysterien kümmerten. Die lokale Gebundenheit verhinderte die Errichtung von Filialen. Wohl aber entwickelten sich analoge Demeterverehrungen mit Mysteriencharakter im kleinasiatischen Pergamon, in Smyrna und Ephesus, in Lerna auf der Peloponnes und nicht zuletzt in Alexandria, der Hauptstadt der Ptolemäer, wo sich ein hochberühmtes *Koreion*, ein Heiligtum der Kore, mit eigener Kultpraxis befand. Möglicherweise waren an all diesen Orten die agrarischen Fruchtbarkeitsriten mit entsprechenden Lokalgottheiten verbunden. Trotzdem bleiben die Mysterienfeiern in Eleusis einzigartig und genießen bis in die Spätantike hinein hohes Ansehen. Philosophen lassen sich ebenso einweihen wie römische Aristokraten und Imperatoren, Sulla, Cicero, Hadrian, Mark Aurel und nicht zuletzt der letzte heidnische Kaiser Julian (361–363 n.Chr.). Sie erweisen auf diese Weise der Demeter und der Stadt Athen ihre Reverenz und legen zugleich ein persönliches Zeugnis ihrer Frömmigkeit ab.

Dies bedeutet nun freilich nicht, daß er Kult einen elitären Zuschnitt aufwies, obwohl mit hoher Wahrscheinlichkeit die Mysterien auf gentilizische Initiationskulte, also auf rituelle und feierliche Aufnahme in einen Stammesverband zurückgehen. Aber er hatte sich schon in frühklassischer Zeit seit dem späten 6. Jahrhundert v.Chr. über den Kreis der führenden Schichten von Eleusis und Athen hinausentwickelt, Frauen, Fremden und sogar Sklaven gewährte man Zutritt und Aufnahme. Frauen konnten in der römischen Kaiserzeit das Oberamt des Hierophanten bekleiden. Dies sind immerhin Ansätze zu einer religiösen Gemeinschaft, welche die herkömmlichen sozialen Schranken in der gemeinsamen Kultfeier des segenspendenden Ackerbaus zurücktreten läßt. Viel wesentlicher war die Scheidung von Eingeweihten und Nichteingeweihten als die sozialen Grenzen. Sie spielten freilich bei den Priesterämtern nach wie vor eine wichtige Rolle.

Dieser Zug zum Universalen wird in seinem bescheidenen Ausmaß faßbar, wenn man ihn mit den übrigen Religionen und Kulten vergleicht, wenn man gar an die Verbreitung des Judentums oder die Ausbreitung Christentums in der römischen Kaiserzeit denkt. Ebenso verhält es sich mit den moralischen Anforderungen und einer ethischen Lebensführung, die bei anderen Religionsgemeinschaften im Mittelpunkt stehen. Hier werden nun Reinheit und Frömmigkeit gefordert, und natürlich waren dies ursprünglich zunächst einmal formale, äußere Merkmale, die erst allmählich verinnerlicht wurden (S. 100). Diese im Umkreis der Mysterien allgemein zu beobachtende Entwicklung wird ergänzt durch spezielle Gebote, die dem Triptolemos zugeschrieben wurde und im Zusammenhang mit einer einfachen, agrarischen Lebensweise stehen: Man soll die Eltern ehren, die Götter mit Früchten verherrlichen und die Tiere nicht schädigen (Nilsson, GGR 2,92). Wie nachhaltig diese ethischen Postulate das Leben des einzelnen Mysten bestimmt haben, wissen wir nicht; wahrscheinlich standen für ihn die rituelle Feier, Einweihung und heilige Schau im Vordergrund, die ihm ganz persönlich das Heil sicherten. Die Anschauung, die der Gebildete mit den eleusinischen Mysterien am Ende der römischen Republik verband, hat Cicero treffend charakterisiert: Die Mysterien haben die unkultivierte und rohe Menschheit zur Humanität und Zivilisation geführt, ihr Lebensprinzipien an die Hand gegeben und sie gelehrt, in Freude zu leben und mit besserer Hoffnung zu sterben (De legibus 2,36).

Dieser letzte Gesichtspunkt dürfte für die meisten Mysterienanhänger ausschlaggebend gewesen sein. Er bildete einen gewichtigen Trost und eine fromme Hoffnung angesichts desolater Lebensumstände und Zukunftserwartungen. Als der Kult im Jahre 395 n. Chr. durch arianische Goten unter ihrem König Alarich zerschlagen wurde, ging eine über tausendjährige glanzvolle Geschichte religiöser Erfahrung zuende, die in bäuerlichen Riten ihren Ursprung hatte. So ist es nicht verwunderlich, daß diese auf dem griechischen Lande, der *Chora*, in veränderter Weise weiterlebten. Der heilige Demetrius, Schutzheiliger der Bauern und Hirten, zugleich Beschützer des Ackerbaus, scheint, wie es Nilsson vermutet hat, zumindest teilweise das Erbe der mächtigen paganen Muttergottheit angetreten zu haben.

III. Dionysos – Sabazios

Es ist bezeichnend, daß über die Gestalt des Dionysos, einer der bekanntesten griechischen Götter, zwar viele Geschichten im Umlauf waren, aber ein halbwegs einheitlicher Mythos erst von den sogenannten Mythographen, von Apollodor (2. Jahrhundert v. Chr.) und besonders von Nonnos (5. Jahrhundert n. Chr.) geschaffen wurde.

Danach war Dionysos, wie es der Name bezeugt, der Sohn des Zeus, den er mit der Königstochter Semele gezeugt hatte. Nach seiner wundersamen Geburt wurde er von Nymphen in Nysa (in Karien bzw. Äthiopien) erzogen. Zu seinen geliebten Spielgefährten zählte Ampelos, ein Satyr (eines jener Fabelwesen zwischen Mensch und Pferd), der nach einer tödlichen Verletzung durch einen wütenden Stier in einen Weinstock verwandelt wurde. Die Früchte, die dieser hervorbrachte, wurden vom Gefolge, das Dionysos begleitete, eingesammelt und gekeltert. So wurde Dionysos der „Erfinder" des Weines. Auf einem großen Triumphzug gelangte er über Kleinasien bis nach Indien. Wo er hinkam, wußte er seine Anerkennung durch Gewalt und durch freundliche Mittel durchzusetzen. Seine Mutter Semele konnte er aus der Unterwelt befreien.

Auf Naxos verband er sich in heiliger Hochzeit mit der von Theseus, dem großen attischen Heros, verlassenen Königstochter Ariadne – ein friedliches Gegenbild zur Grausamkeit und zum Wahnsinn, mit dem er diejenigen schlug, die ihm die Anerkennung verweigerten.

Die Erzählungen lassen sich sinnvoll mit den Kultelementen verbinden, die sie erklären wollen. Doppeldeutigkeit und Durchbrechen von Ordnung waren in Dionysos angelegt. Ob er überhaupt ein griechischer Gott war, läßt sich mit heutigen Mitteln nur schwer entscheiden. Für die alten Griechen war er es jedenfalls. Der Sohn des Zeus und der Semele war unter großen Widerständen nach Griechenland gekommen. Trotz der unverkennbaren Schwierigkeiten seiner Einbürgerung avancierte er aber bald zu einer wichtigen Gestalt des griechischen Götterhimmels, des Pantheon. Dies deutet zumindest fremde Herkunft an. Der Gott, der über das Meer kommend jährlich seinen festlichen Einzug auf dem Frühlingsfest (Anthesterien) in die Stadt Athen nahm, mochte aus dem wilden Thrakien, aus Lydien oder Phrygien in Kleinasien stammen. Wahrscheinlich kannten ihn aber bereits die mykenischen Griechen, wie Schrifttäfelchen aus Pylos um 1250 v. Chr. bezeugen. Sie nennen einen gewissen *Diwonusos*, der eine besondere Beziehung zum Wein besaß. Wie die übrigen griechischen Gottheiten vereinigte er in sich zum Teil ganz unterschiedliche Kräfte und Traditionsbestände, nahm in seiner jeweiligen Umgebung neue Züge an, die dann nach Bedarf aktiviert werden konnten, eine vielschichtige, *polymorphe* Gestalt, die sich nicht einem Bereich allein zuordnen läßt.

Als Ergänzung und im Gegensatz zu Demeter, die den Akkerbau und die Zivilisation bringt, gilt Dionysos als der Gott der wilden und ungebändigten Natur, der rauschhaften Ekstase, die er als kraftsteigernde und außergewöhnliche Potenz denen vermittelt, die ihm folgen und dienen wollen. Als begeisternden Kraftspender nennt man ihn *Bakchios* bzw. *Bakchos*, ein Prädikat, welches auch seine Anhänger tragen. In der griechischen Überlieferung sind diese in erster Linie Frauen, die als *Mänaden* (*mania* – das Rasen, der Wahnsinn) Dionysos im wilden Bergland aufsuchen und ihm als Entrückte und den Gott in sich Tragende (*enthusiasmai*) huldigen. Dabei mag dann auch das Zerreißen von Tieren und das Essen von rohem Fleisch (Omophagie) vorgekommen sein, wie es die *Bakchen* des Euripides (entstanden um 406 v. Chr.) und in abgeschwächter Form eine Kultordnung aus der kleinasiatischen Küstenstadt Milet (um 200 v. Chr., Nilsson, GGR 1,576) bezeugen, ein ferner Nachklang aus vorzivilisatorischer Zeit, in welcher Jägerkulturen sich durch Verzehr von wildem und rohem Fleisch das Vermögen des erlegten Tieres aneigneten. Archaische Rohheit und naive Frömmigkeit sprechen aus dem Chorlied einer euripideischen Tragödie, das den kretischen Zeus vom Berge Ida, den Vater des Dionysos, und Zagreus, den göttlichen Jäger und Totengott, dem Mysteriengott Dionysos annähert:

> *Ein heilig Leben führt ich,*
> *seitdem ich Myste des ideischen Zeus geworden*
> *und Hirte des nächtens umherschweifenden Zagreus,*
> *die Mahlzeit von rohem Fleisch verrichtet ...*
> *und heiße nun Bakchos, da ich*
> *geheiligt worden bin.*
> (Die Kreter, Übersetzung nach Merkelbach, Dionysos 132)

Dem Heraustreten (*ekstasis)* aus der normalen Identität dienen die vielfach im Umkreis des Dionysos verwendeten Masken und kostümierte Aufzüge, durch die man in spielerischer und zugleich religiöser Weise eine andere Personalität gewinnt. Verwandlung spielt bei der Dionysosverehrung eine zentrale Rolle. Von daher ist es verständlich, daß der Gott am Beginn der griechischen Tragödie und Komödie steht, welche im religiösen Spiel eine ihrer zentralen Wurzeln besitzen. Das Herumtragen des Phallos, des erigierten männlichen Gliedes auf Komödienumzügen, den die Satyrn im Gefolge des Dionysos ungeniert zur Schau stellen, bringt die vegetative Fruchtbarkeit des Gottes immer neu auf die Bühne und in die Erinnerung.

All diese Dimensionen verbinden sich mit der weitaus wichtigsten Funktion des Gottes und geben ihr die nötige Tiefe: Dionysos, der Gott des Weines, ist dies nicht nur im Sinne unbeschwerter Fröhlichkeit, sondern durchaus in gefahrvoller und abgründiger Weise. Dem Aufblühen des Weinstockes liegt der Tod des Satyrn Ampelos zugrunde. Von Ikarios, der in Attika Dionysos gastlich aufgenommen und dafür zum Dank die Weinrebe und die Kenntnis ihrer Kultivierung erhalten hatte, weiß die Legende, daß er von berauschten Bauern und Hirten, die sich für vergiftet hielten, erschlagen wurde. Dafür werden sie von Dionysos hart bestraft. Thyrrenische Seeräuber, die den Gott in Unkenntnis seiner wahren Gewalt auf ihrem Schiff festbinden, um ihn als Sklave zu verkaufen, erfahren seine wundersame Kraft. Er entledigt sich der Fesseln, nimmt bedrohliche Tiergestalt an, Weinreben und Efeu wachsen empor und dunkler Wein netzt in gewaltigen Strömen den Schiffsboden. Voller Angst springen die Seeräuber ins Meer und werden dort zu Delphinen. Das gewalttätige Element findet sich wieder in der Geschichte vom Tod des Dionysoskindes, den die Titanen zerreißen. Die Zerreißung des Dionysos-Zagreus, eines ursprünglich auf Kreta beheimateten Unterweltsgottes mit Beziehung zu Jagd, findet sich in spätantiken Erzählungen wieder.

Hier mögen sich mythische Vorstellungen wie etwa die Zerstückelung des Osiris (S. 41) überlagert haben. Aber Tod, Gewalt und Unterwelt, das chthonische, erdhafte, Element, gehören wesensmäßig zum Gott des Weines dazu. Er steigt in die Unterwelt, um seine Mutter Semele aus dem Hades zu holen und in den Olymp zu führen. Zur Rebe des Weingottes gesellt sich der Efeu, das Gewächs des Dunkels, der kühlen Nacht und des Todes, das als Immergrün die Gräber schmückt und dem Weintrinkenden als Kranz dient. In der Erzählung von Tod und Wiedergeburt hat man ein Initiationsmotiv sehen wollen: Der Einzuweihende erlebt den Abstieg und den Aufstieg als Scheidegrenze zu einem neuen und besseren Zustand.

Wein und Rausch, Wildheit und Ekstase, Tod und Verwandlung sind menschliche Urerfahrungen, die sich im Dionysosmythos in verschiedener Weise bündeln und zur Anschauung gebracht werden. Sie interessieren in unserem Kontext deshalb,

Den auf dem Wagen sitzenden Dionysos charakterisieren Efeukranz, Weinreben und Trinkgefäß, vor ihm ein Silen mit einem Misch- und Trinkgefäß, wie sie beim Symposium üblich waren.

weil sie die Voraussetzung für die Entstehung von dionysischen Mysterienkulten verständlich machen. Diese haben sich spätestens im 5. Jahrhundert v. Chr. in Griechenland und Unteritalien in lockeren Assoziationen gebildet, möglicherweise im Zuge eines sich ausbreitenden religiösen Individualismus. Der Mensch sucht ein persönliches und emotionales Verhältnis zum Göttlichen zu erreichen. Geheime Weihen führen in den Kult ein, Weingenuß, sexuelle Handlungen, aufreizende Musik sind die Mittel, die den Initianden zum Bakchos, zum Rasenden machen, der vom göttlichen Wahnsinn, der *mania*, erfüllt ist und dies als höchste Form beseligender Entrücktheit erlebt. Möglicherweise hat die Vereinigung des Dionysos mit Ariadne auf Naxos bereits in früher Zeit den mythischen Hintergrund abgegeben. Die heilige Hochzeit (*hieros gamos*) spielt auch im öffentlichen Kult Athens eine wichtige Rolle

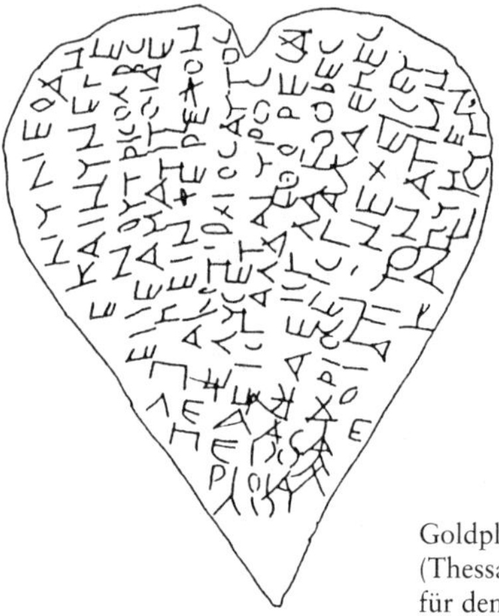

Goldplättchen aus Pelinna (Thessalien) in Efeuform, „Totenpaß" für den Bakchosmysten

und hat sich, wie literarische und archäologische Zeugnisse beweisen, bis in die römische Kaiserzeit erhalten. Andere Rituale, darunter das spektakuläre Verzehren von rohem Fleisch, wie dies die Mänaden in der euripideischen Tragödie „Die Bakchen" tun, mögen ebenfalls eine Rolle gespielt haben.

Wesentlicher als diese lediglich in ihren Umrissen erahnbaren Weihen und Rituale sind aber die sich an die Kultpraxis anknüpfenden *Jenseitshoffnungen.* Dionysosanhänger entwickelten besondere Begräbnisriten; in Cumae (nahe Neapel) stand ihnen ein eigener Begräbnisplatz zur Verfügung. In Thessalien kamen Goldplättchen in Efeuform zutage, die den Toten auf die Brust gelegt wurden, sozusagen Eintrittsbilletts für die Mysten, die eine Botschaft an die Unterwelt enthielten.

„Sag' der Persephone, daß Bakchios selbst Dich erlöst hat ... und dir stehen die Weihen offen, wie sie auch die übrigen Seligen erfahren". Die Mysterien bieten also eine Art Garantie, daß die dionysische Seligkeit auch im Jenseits fortdauert. In einer analogen Quelle aus Unteritalien (4. Jahrhundert v. Chr.) wird sogar davon gesprochen, daß der Glückliche, der Selige ein *„Gott sein wird statt eines Sterblichen."* Die schriftlich formulierten Grabbeigaben wollen dem Toten die

Reise ins Jenseits erleichtern und ihm dort ein Weiterleben sichern.

Wieweit man derartige einzelne Jenseitserwartungen verallgemeinern darf, ist ungewiß. Fest steht, daß sich der Dionysoskult zuweilen im Verbund mit anderen Gottheiten im Mittelmeerraum ausbreitete – in Kleinasien, in Ägypten, besonders in Italien. Besonders der legendäre Sänger Orpheus ist schon früh mit Dionysos zusammen gesehen und verehrt worden (S. 39). Auch scheint Dionysos sich der besonderen Beliebtheit bei den unteren Schichten erfreut zu haben. Wahrscheinlich haben die orgiastischen Feiern bereits im 4. und 3. Jahrhundert v. Chr. festere Konturen bekommen. Gewisse Regelhaftigkeiten bei den Kultmahlzeiten bürgerten sich ein, daneben entwickelte sich ein Kultpersonal mit Priestern und Priesterinnen an der Spitze. Auch durften die Aufzeichnungen der heiligen Geheimnisse und Mythen, die *hieroi logoi*, nicht fehlen. Wahrscheinlich gab es auch bereits feste Kultstätten, an welchen die Feiern stattfanden. Die Statuten des attischen Dionysosvereins, der sogenannten *Iobakchen* (S. 95) belegen für die Kaiserzeit neben einer Vielzahl von Regularien ein sog. *bakcheion*, wo die Vereinsmitglieder sich trafen und ihre Sitzungen abhielten. Die Ortsgebundenheit dürfte seit hellenistischer Zeit gang und gäbe gewesen sein, ebenso wie sich städtische Kultvereine mit einer ausgeprägten Personalstruktur entwikkelten (S. 94).

All dies sind Indizien für eine gewisse „Verbürgerlichung“ und „Domestizierung“ des orgiastischen Kultes (S. 95), welche ihn zu einem Bestandteil der städtischen Kultur und ihrer Träger machte. Aber den Dionysosmysterien kamen auch weiterhin gewisse Ventil- und Entlastungsfunktionen in der damaligen Gesellschaft zu. „Durch die Kruste verfeinerter Stadtkultur bricht ein Urquell vitaler Energie“, wie dies der Religionswissenschaftler Walter Burkert formuliert hat. Und der Kult leistete dies offensichtlich auch in kanalisierter Form, dort, wo er wie in vielen hellenistischen Städten durch gesellschaftliche Konventionen und Vereine auf- und eingefangen wurde. Diese Doppelbödigkeit machte ihn schwer berechenbar und bildete in gewisser Weise eine Herausforderung für staatliche Stellen. Belege dafür gibt es mehrere. Ein Erlaß des ägyptischen Königs Ptolemaios IV. Philopator (205 v. Chr.) bestimmte, daß alle Personen, welche in Ägypten die Mysterienweihen vollziehen, sich schriftlich in Alexandria zu melden hätten. Sie sollten die Namen der Leute nennen, die ihnen die Mysterienweisheit übermittelt hätten, und den Wortlaut der heiligen Lehre, den *hieros logos*, versiegelt deponieren. Die königliche Verordnung (*prostagma*) zeigt, wieweit der Kult in Ägypten etabliert war, zielt über die Kenntnisnahme auf Überwachung, möglicherweise auch auf behutsame Reglementierung durch den König, der selbst dem Dionysoskult besonders zugetan war. Diese hohe Gunst genoß Dionysos auch im Königshaus der Attaliden zu Pergamon, wo Mitglieder der königlichen Familie sogar Priesterämter im Dionysoskult übernahmen. Hier wurde Dionysos *kathegemon* (der „Führer", „Wegweiser") zur wichtigen Bezugsfigur des Herrscherkultes und erlangte so Eingang in die höchsten Kreise.

Der Dionysoskult in Rom

Die Anerkennung des Dionysos und die Verbreitung seiner orgiastischen Feiern in Kleinasien unterstreicht die weitgespannte Akzeptanz, die der vielschichtige Gott in der Zeit des Hellenismus erfuhr. Auch in Rom kannte man ihn schon früh. Hier wurde er mit dem italischen Vegetationsgott *Liber* verbunden und erhielt im Kontext mit *Libera* und *Ceres*, der römisch-italischen Umformung von Kore und Demeter, einen Tempel (493 v. Chr.) und feierliche Spiele. Von dieser offiziellen Verehrung unterschieden sich die nach etwa 200 v. Chr. in Rom ausbreitenden geheimen Dionysos- bzw. Bacchusfeiern ganz entschieden. Diese Kultpraktiken waren aus Unteritalien und Etrurien wahrscheinlich durch Wanderpriester in die Stadt gelangt und hatten bei Plebejern, Frauen und zugereisten Italikern großen Zulauf erhalten. So entstand eine zahlenmäßig starke Gemeinde, die sich in den orgiastischen nächtlichen Feiern, den *Bacchanalia*, am Fuße des Aventin zusammenfanden. Der römische Senat ist 186 v. Chr. gegen diese Form der Dionysosverehrung energisch vorgegangen, hat den Kult drastisch beschnitten und viele Anhänger hinrichten lassen. Das brutale Vorgehen der staatlichen Behörden gegen eine nach ihrer Auffassung offenbar bedrohliche kriminelle Vereinigung (*coniuratio*) ist nicht zuletzt deshalb so aufschlußreich, weil in diesem Zusammenhang das Profil der Dionysos- bzw. Bacchusfeiern aufgrund der Verhöre und Ermittlungen, welche die novellistische Erzählung des Geschichtsschreibers Livius bietet (39, 13 ff.), für uns halbwegs greifbar wird. Danach existierte in Rom zu jenem Zeitpunkt bereits eine gewisse Organisation des Kultes mit einem Priester (*sacerdos*) an der Spitze, der dessen ursprüngliche Leitung durch Frauen abgelöst hatte. Auch scheint es bereits ein gewisses Gemeindevermögen gegeben zu haben, aus dem die Unkosten bestritten wurden. Die Öffnung des ursprünglichen Frauenkultes für männliche Teilnehmer verbreiterte die soziale Basis im Bereich der Unterschichten. Auch ließen sich vereinzelt römische Bürger einweihen.

Sorgfältige Vorbereitung auf die Initiation durch Fasten und sexuelle Enthaltsamkeit, sodann lärmende nächtliche Gelage unter starkem Weingenuß und sexueller Promiskuität, der Einsatz von Handpauken (*Tympana*), Zimbeln und brennenden Fackeln, mit denen die ekstatischen Anhänger zum nahegelegenen Tiber liefen, waren wichtige rituelle Mittel, sich dem heiligen Geschehen zu nähern. Einige begannen, im Trancezustand zu weissagen. Der Höhepunkt mochte die Darstellung der Zerstückelung des Dionysos und seiner anschließende Zusammenfügung bilden.

Dieses auffällige Verhalten wurde durch ein strenges Schweigegebot noch provozierender, als es ohnehin war. Es stieß auf Mißtrauen, Verdächtigungen und Bedrohungsängste vor allem im Kreise der römischen Nobilität, der staatstragenden Schicht. Der Kult erschien dort in gewissem Sinne als eine religiöse Alternative zu den bestehenden und bewährten Verhältnissen, und man fürchtete weitreichende soziale und politische Implikationen. Die angenommenen Gefahren rechtfertigten das harte staatliche Vorgehen, die Zerstörung der Bacchusheiligtümer in Rom und Italien sowie die Hinrichtung mehrerer Tausend Gläubiger, wie Livius berichtet. Dabei sind zwar wohl gewaltige Übertreibungen des Autors und religiöse Vorbehalte der augusteischen Zeit mit zu veranschlagen, aber sie nehmen dem Text nichts von seiner historischen Bedeutung.

Die blutige Unterdrückung der Dionysosfeiern schloß naturgemäß die Verwendung dionysischer Symbole und die Verehrung des Gottes in traditionellen Religionsformen nicht aus, besonders dort, wo wesensähnliche Gottheiten wie der italische Liber den Kult bestimmten. Weinfestivitäten und Todesfeiern konnten der dionysisch-bacchischen Symbolik schlecht entraten. Sie gewinnen in der Kaiserzeit an Bedeutung, obwohl Dionysos zunächst nicht zu den staatstragenden Göttern des Prinzipates gehörte, jener neuen Staatsform, der Augustus auch religiöse Konturen mitzugeben wußte. Dionysos hatte den „Nachteil", daß er als Schutzgottheit der Staatsfeinde Antonius und der Kleopatra nach der Schlacht bei Actium (31 v. Chr.) auf der Verliererseite stand und damit gegenüber Apollo, dem Schutzpatron des erfolgreichen Prinzeps, einen schweren Stand hatte. Diesem Verlust an offizieller Verehrung korrespondierte aber durchaus eine Hinwendung im privaten Bereich. Dionysische Mysterienkulte und Vereine erhielten großen Zulauf auf lokaler Basis. Die gewaltige Präsenz des Gottes dokumentieren die Sarkophage der Kaiserzeit, wo Dionysos und sein Gefolge die Wünsche und Verheißungen für ein glückseliges Leben im Jenseits bildeten. Fußbodenmosaike und Wandgemälde nehmen in dekorativer Form auf den Gott des Weines Bezug, dem auch der erotisch-sexuelle Bereich nahesteht. Auf diese Weise verbreitet der Mythos eine Atmosphäre heiterer Weltzugewandtheit und froher Sinnenlust, eine freundliche, religiös gefärbte Oberfläche, wie sie viele Bewohner des Reiches schätzten.

Eine derartige Verwendung hat nun mit einem Mysterienkult direkt nichts zu tun, sondern zeigt vielmehr, wie erfolgreich dionysische Vorstellungen säkularisiert und auf eine allgemein menschliche Ebene der Kommunikation und Repräsentation

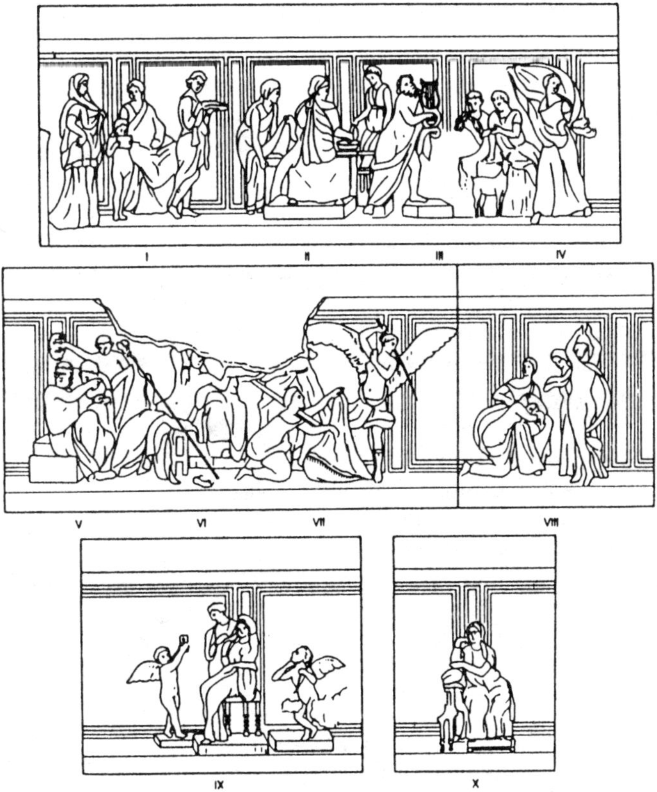

Im Zentrum der jugendliche Dionysos und Ariadne (VI), eingebettet in den Ablauf der Mysterieneinweihung.

gehoben werden konnten. Das gilt in gewissem Sinne auch für den berühmten Dionysosfries aus der Villa dei Misteri vor den Toren Pompejis, die bedeutendste Mysteriendarstellung in einem privaten Umfeld, die wohl noch aus der Zeit Cäsars stammt. Darin werden das mythische Paar Dionysos und Ariadne ebenso aufgeboten wie wichtige Rituale des Kultes: das Verlesen heiliger Texte, die Verwendung von Wein, von Masken und Musikinstrumenten, der Tanz, die Verschleierung und Aufdeckung heiliger Gegenstände, das Zufügen und das Durchstehen von Schmerzen, die möglicherweise in der glückseligen Vereinigung des göttlichen Paares ihre Auflösung und ihr Ziel, ihr Telos fanden. Die göttliche und die menschliche Ebene, die Kräfte der Natur und der Unterwelt werden durch eine wohldurchdachte Komposition in das Mysteriengeschehen verknüpft, welches durch eine bewußte „Verrätselung" der Handlungen und Personen die Ebene des Geheimnisvollen durchaus wahrt. Geheimnisvoll bleibt die Darstellung bis heute: Der „Mysteriensaal" in Pompeji geht unmittelbar in das Schlafgemach (*cubiculum*) über; und so läßt sich mit guten Gründen darüber spekulieren, ob durch die Bilder die eheliche Vereinigung auf eine höhere, mythische Ebene gehoben werden sollte, oder ob man den Raum für sich nehmen muß, der Kult und Mysterienfeier illustriert.

Aus den archäologischen und schriftlichen Zeugnissen lassen sich die zentralen Elemente der Dionysosmysterien in der Kaiserzeit gewinnen, die alte Formen und Vorstellungen erweitert und „geläutertet" darbieten. Sorgfältige Vorbereitungen durch Enthaltsamkeit und Reinigung, die auch die Form von Züchtigung annehmen kann, stehen am Beginn; dann folgt die Darbringung eines Tieropfers, das zu den zentralen Zeremonien hinführt, die strengem Stillschweigen unterliegen. Dazu war der Myste unter Eid (*sacramentum*) verpflichtet. Wie auch in anderen Kulten scheint dann so etwas wie eine Investitur stattgefunden zu haben, zu welchem das Anlegen eines Reh- oder Pantherfelles, das Aufsetzen eines Efeu- oder Blütenkranzes und das Ergreifen eines mit Weinreben umschlungenen Thyrsosstabes gehören. Mit ihm hatten im Mythos die Mänaden Milch, Wein und Honig aus dem Felsen geschlagen, er charakterisiert auch den Dionysos selbst.

Wahrscheinlich darf man auch an einen besonderen Dionysosthron denken, auf dem der Einzuweihende nach seinen Vorbereitungen, wie sie Aristophanes in den „Wolken" persifliert (Wolken 254–262), Platz zu nehmen hatte. Ein derartiges Kultobjekt aus Terrakotta hat man in Südetrurien (Volsinii, 2. Jahrhundert v. Chr.) gefunden, dort allerdings bestimmt zur Aufnahme der *cista mystica* bzw. der kultischen Getreideschwinge (*liknon*), welche die heiligen Gegenstände barg. Vorzeigen, Hantieren, Vorlesen bzw. Hören heiliger Texte bildeten auch hier das Zentrum der Einweihung. Man hat den ganzen Vorgang gedeutet als Begegnung mit einer göttlichen Lebensmacht, als Erfahrung von Sexualität und Erotik in einem existentiellen Sinne, durch welche der Myste dem göttlichen Vorbild nahekommen und an der ewigen Glückseligkeit teilhaben sollte.

Derartige religiöse Höhepunkte bedürfen, um als solche begriffen zu werden, der Einbettung in einen größeren zeitlichen Ablauf, sie bedürfen auch der Mitwirkung einer größeren Gemeinschaft, welche das heilige Geschehen sinnfällig macht. Die große, bereits erwähnte griechisch geschriebene Inschrift aus der Mitte des 2. Jahrhunderts n. Chr., die südlich von Rom gefunden wurde, bezeugt einen dionysischen Kultverein von 420 Mitgliedern mit einer Oberpriesterin Agrippinilla an der Spitze. Sie hatte sieben Priester und zwei Priesterinnen unter sich, dazu eine Vielzahl von Funktionären, die bei den Kulthandlungen die heiligen Gegenstände trugen, die opferten, tanzten, vorlasen, spielten und den Wein feierlich ausschenkten. Wie bei großen christlichen Prozessionen oder Karnevalsumzügen gehörten spezifische Gewänder und auch Masken zu ihrer Ausrüstung. An dieser öffentlichen Schauseite der Dionysosfeiern, die im Stile von mittelalterlichen Mysterienspielen das heilige Geschehen im frommen Spiel und mit verteilten Rollen vorführten, nahm das städtische Publikum lebhaften Anteil. Der Kult war längst nicht mehr nur eine Angelegenheit der unteren Schichten, sondern besaß seine Anhänger auch und gerade unter den städtischen vornehmen Familien. Rausch und Ekstase, wohin man durch den Weingenuß, durch Tanz und praktizierte Sexualität gelangen konnte, vermittelten jenseits aller Klassengrenzen ein sehr diesseitiges Glücksgefühl und konnten, in ritualisierter Form vollzogen, das künftige Heil versprechen.

Diese gesteigerte und ins Jenseits verlängerte menschliche Existenz, wie sie die Dionysosmysterien in Aussicht stellten, läßt sich mit zwei Besonderheiten des Kultes verknüpfen. Zum einen verband man Dionysos schon früh mit anderen Gottheiten, deren Gestalt und Programm ähnlich waren. Unter ihnen ragt der thrakisch-phrygische Vegetationsgott *Sabazios* hervor, der ebenfalls ein Gott des Weines und des Rausches war. In seinen Mysterien, die bereits im 5. Jahrhundert v. Chr. in Griechenland bekannt waren, stand die heilige Hochzeit (S. 29), wie sie im Mythos Sabazios, der mit Zeus gleichgesetzt wurde, mit Persephone vollzogen hatte, im Mittelpunkt. Zusätzlich spielte die Schlange, die für die dunklen, chthonischen Kräfte ebenso stand wie für die Abwehr des Bösen und für Reinkarnation – das Häuten galt als symbolische Handlung –, eine wesentliche Rolle. Wie im Dionysoskult fanden sich die Anhänger in kultischen Mahlzeiten zusammen, die nach ihrer festen Vorstellung im Jenseits ihre immerwährende Neuauflage erfahren sollten. Das Grab eines Sabaziospriesters mit Namen Vincentius in Rom, welches in wertvollen Fresken an den Wänden diesen beseligenden Endzustand festhält, enthält folgende Sentenz:

> *Iß, trinke, spiele, komm zu mir*
> *solange Du lebst, laß es Dir gutgehen.*
> *Dies wirst Du mit Dir nehmen.*
> *Hier liegt Vincentius, der Priester des Gottes Sabazios,*
> *der die heiligen Zeremonien frommen Sinnes pflegte.*
>
> *manduca, bibe, lude et veni ad me*
> *cum vives, bene fac, hoc tecum feres.*
> *Numinis antistes Sabazis Vincentius hic est,*
> *qui sacra sancta deum mente pia coluit.*
> (Inscriptiones Latinae Selectae 3961, Übersetzung H. Kloft)

Sabazios konnte nicht nur mit Dionysos, sondern auch mit Zeus, Jupiter, Osiris und anderen Mysteriengottheiten identifiziert werden. Auch hat man ihn zuweilen mit dem jüdischen Sabaoth gleichgesetzt. Die von den Sabaziosanhängern gestifteten bronzenen Votivhände, die einen antiken Segensgestus zeigen, wie ihn auch die frühkatholische Kirche kennt (*benedictio Latina*), beweisen eine weitgehende Vermischung mit

Wandmalerei aus dem Vincentiusgrab in der Katakombe des Praetextatus, Rom 4. Jh. n. Chr. Einführung der Vibia *(inductio Vibies)* durch ihren guten Engel *(angelus bonus)* zum Freudenmahl mit Brot, Fisch, Wein und Würfelspiel

anderen Glaubensvorstellungen, so daß man geradezu von einem pantheistischen Symbol sprechen kann. Die Segnungen des Sabazios gewinnen damit an Gewicht und an Überzeugung.

Noch weiter reichten Annäherungen und Vermischung und Identifizierung mit dem sagenhaften *Orpheus*, mit seiner Lehre und seiner Dichtung, in welcher Dionysos eine zentrale Rolle einnimmt. Der aus Thrakien stammende begnadete Sänger und „Erfinder“ der Musik, der in den Hades hinabstieg, um seine Gattin Eurydike zurückzuholen, wird im Mythos von rasenden thrakischen Frauen zerrissen. Seine zerstreuten Gliedteile sammelten die Musen ein, um sie am Fuß des Olymp, in Leibethra, zu bestatten. Person und Schicksal wurden zu Bezugspunkten einer Glaubenslehre, in der strenge Reinheitsgebote, Seelenwanderung und ein glückseliges Ende bestimmende Elemente bildeten. Sie fanden als gleichsam ernster und dunkler Gegenpart schon früh Eingang in die Dionysosmysterien und verstärkten die Jenseitshoffnungen der Gläubigen. Die Dichtungen und die in Buchrollen aufbewahrten Grundsätze förderten die Entstehung „heiliger Lehren“, welche bei den Mysterienfeiern zum Vortrag kamen. Eine größere Anzahl orphischer Hymnen, die wahrscheinlich als eine Art Liturgiesammlung von einer Dionysosvereinigung in Kleinasien (? Pergamon, 2. Jahrhundert n. Chr.) verwendet wurde und Demeter und Athene, Zeus und Apollon, Pluton, Poseidon und Sabazios in schlichter Form anrufen und herbeibitten, zeigen zuverlässig an, mit welcher Art Texten und mit welcher „Verschriftlichung" man im Umkreis der orphischen Dionysosmysterien zu rechnen hat.

Zu einer theologischen Ausdeutung ist es allerdings nur in Ansätzen und relativ spät gekommen. Das Zertreten der Trauben in der Kelter und die Entstehung des neuen Weines durch das Zusammenfließen und Vergären des Traubensaftes ließen sich allegorisch deuten: ein Sinnbild für die Zerstückelung und die neuerliche Zusammensetzung des Dionysos. Dionysos als Symbol des Kosmos, der in Elemente aufgespalten und durch Helios/Apollo wieder zu einem Ganzen zusammengefügt wird – in dieser stoischen Spekulation, wie sie der kaiserzeitliche Autor Plutarch vorträgt, deutet sich die philosophische Interpretation des Dionysos als Beherrscher der Welt, als Kosmokrator, an. Er wird mit der Sonne oder mit dem Geist des allmächtigen Zeus (*Dionysos = Dios nous*) gleichgesetzt, der als *anima mundi*, als Weltseele, den Kosmos regiert.

Aber die gedanklichen Spekulationen prägten auch in der Spätzeit die Mysterien selbst nur am Rande. Dieser Mangel an religiösem Profil und die ganz handfeste Bedeutung des Weines für das, was der antike Mensch als Seligkeit empfand, waren mit dafür verantwortlich, daß Wein und Weinsymbolik zu wichtigen Elementen des frühen Christentums werden konnten. In diesem Zusammenhang wurde auch der göttliche Sänger Orpheus zu einer christlichen Symbolfigur umgedeutet (S. 119). „Der gekreuzigte Christus ist der wahre Orpheus, der die Menschheit als seine Braut aus den Tiefen des dunklen Hades heimholte – der Orpheus Bakchikos" (Hugo Rahner). Hinzu kamen die sakramentale Bedeutung des Weines im Abendmahl, die reiche metaphorische Verwendung des Weinstockes, der Kelter, der Traube und der Rebe in der frühchristlichen Literatur und Ikonographie, die an alttestamentarische und antike Vorbilder anknüpften. Der leidende Christus und die zerstückelte Traube konnten füreinander stehen; so sah es der Kirchenvater Clemens von Alexandrien.

Goethe kannte und schätzte den heidnischen Bodenton, der dem Mysterium Wein im Christentum seine Akzeptanz und seine Verbreitung sicherte. Als er 1792 auf seiner Reise nach Frankreich in Trier Halt machte, verband er in einem Gedicht den Gott der Reben mit den namensverwandten legendären Missionar Galliens, den ersten Bischof von Paris, Sankt Dionysius, auf eine für ihn charakteristische Weise:

Trierische Hügel beherrschte Dionysos,
aber der Bischof
Dionysius trieb ihn und die Seinen herab.
Christlich lagerten sich Bacchantenscharen im Tale;
Hinter den Mauern versteckt üben sie alten Gebrauch.

IV. Isis und Osiris

Die Göttin Isis und ihr Gemahl Osiris besaßen im ägyptischen Pharaonenreich eine lange und wechselvolle Geschichte, ehe das Land durch die Eroberung Alexanders des Großen (331 v. Chr.) Anschluß an die hellenistische Welt gewann und eine ägyptisch-hellenische Mischkultur entstand, die für die Prägung und Verbreitung der Isis-Mysterien die entscheidenden Rahmenbedingungen lieferte. Dies bedeutet aber auch, daß zentrale Vorstellungen altägyptischer Religiösität das Profil der Gottheiten bis in ihre späte Phase hinein mit prägten. Isis, der „göttliche Thron", der Sitz des Herrschers, galt ganz allgemein als Schutzgöttin. Ihr standen wirksame Zauber- und Heilkräfte zu Gebote; inbesondere den Toten gab sie Schutz und Geleit. Ihr brüderlicher Gemahl Osiris wird im Verlauf von Götterkämpfen, wie sie viele archaische Mythenkreise als Ablösung und Begründung neuer Ordnungen kennen, von seinem bösen Bruder Seth im Nil ertränkt und zerstückelt. Die Körperteile verstreut er über das Land. Isis, die ihren Gatten unter Tränen und Verzweiflung sucht, gelingt es gemeinsam

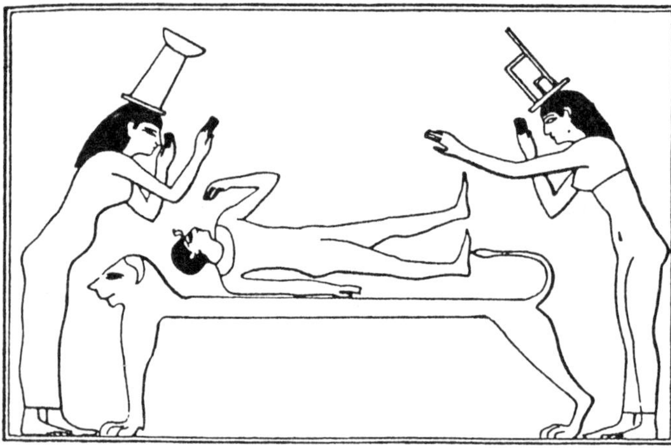

Isis (rechts) und die Göttin Nephthys beweinen den toten Osiris und rufen ihn ins Leben zurück; Umzeichnung nach einem Relief aus Philae, Ägypten.

mit ihrem Sohn Horus, den toten Gemahl zu finden, ihn zusammenzusetzen und mit Hilfe anderer Götter wieder zum Leben zu erwecken.

Nach dem Sieg über Seth wird in der neuen Ordnung Horus als Gott der Oberwelt installiert, die Herrschaft über das Totenreich fällt Osiris zu, die er zusammen mit Isis ausübt. Dabei entwickelt sich das Totenreich zunehmend zu einer fiktionalen Gegenwelt, ausgestattet mit einem reichen Ritual. Es entsteht „eine imaginäre Geographie der Unterwelt" (Jan Assmann), ein besseres Jenseits, von den Ägyptern als „schöner Westen" bezeichnet, das man nach eine Prüfung vor einem Totengericht und nach einer besonderen Weihe erreicht.

Wie diese verschiedenen Mythenelemente entstanden und zusammengewachsen sind, muß hier nicht weiter verfolgt werden; doch gilt festzuhalten, daß wichtige Traditionselemente bereits auf die späteren Mysterien hinweisen: Isis, die mächtige Gottesmutter, welche den Toten den mühseligen, gefährlichen Weg in die Unterwelt ebnet; Osiris, ihr Gatte, der für das Wasser und die Fruchtbarkeit steht (im Gegensatz zu seinem

Bruder Seth, der nach späterer theologischer Ausdeutung die unfruchtbare Wüste verkörpert). Als Totengott gewinnt er die Zuständigkeit für das Jenseits, in welches man nur nach sorgfältiger Vorbereitung und Rechenschaftslegung über sein Leben hineinkommt. Es ist ganz wesentlich, daß sich im Kontext des ägyptischen Unterweltglaubens ethische Postulate entwikkeln, die durch Strafe und Belohnung sanktioniert werden. Sie wirken auf die Lebenswelt zurück. So redet der Verstorbene in einer Textpassage des ägyptischen Totenbuches, einer Sammlung von Unterweltsbüchern und Totensprüchen, den Gott Osiris folgendermaßen an:

Gruß dir, du Größter Gott, Herr der Vollständigen Wahrheit!
Ich bin zu dir gekommen, mein Herr,
ich bin geholt worden, um deine Vollkommenheit zu schauen ...

Ich habe kein Unrecht gegen Menschen begangen,
und ich habe keine Tiere mißhandelt.
Ich habe nichts «Krummes» an Stelle von Recht getan ...
Ich habe keinen Gott beleidigt.
Ich habe kein Waisenkind an seinem Eigentum geschädigt.
Ich habe nichts getan, was die Götter verabscheuen.
Ich habe keinen Diener bei seinem Vorgesetzten verleumdet...

Ich habe am Hohlmaß nichts hinzugefügt und nichts vermindert,
ich habe das Flächenmaß (Arure) nicht geschmälert
und am Ackerland nichts verändert.
Ich habe zu den Gewichten der Handwaage nichts hinzugefügt
und das Lot der Standwaage nicht verschoben.

Ich habe die Milch nicht vom Mund des Säuglings fortgenommen,
ich habe das Vieh nicht von seiner Weide verdrängt.

(Spruch 125, Z. 1 ff.; 13 ff.; 20 ff.; 34 ff. in der Übersetzung von E. Hornung)

Das negative Sündenbekenntnis mündet ein in die nachdrückliche Versicherung des Toten, daß er rein und geläutert sei. Es ist nicht zuletzt die magische Wirkung des Spruches selbst, die diesen Zustand der Erlösung herbeiführen soll. Gleichzeitig werden hier moralische Leitlinien erkennbar und ein religiöses-soziales Verhalten gefordert, welche Unter- und Oberwelt miteinander verbinden. Sie wirken in den hellenistischen Mysterien weiter. Zu diesem sozialethischen Erbe kommt etwas Weiteres hinzu: die kultische Verehrung im Tempel als die Behausung, welche die Gottheit für ihren Aufenthalt nötig hat; daraus entwickelt sich die Verehrung an besonderen Orten mit Priestern und Gemeindeanhängern.

Die altägyptischen, hauptsächlich aus dem Totenkult stammenden Kultbestandteile, sind dann in hellenistischer Zeit mit griechischen Religionsvorstellungen verbunden worden. Es waren die ptolemäischen Könige, welche die altbewährten Strukturen in neuem Gewande zu präsentieren versuchten und die Etablierung einer Mischreligion aus politischen Gründen kräftig förderten. Durch die Angleichung des Osiris an den griechischen Göttervater Zeus einerseits und an den Beherrscher der Unterwelt Pluton andererseits entstand Sarapis, „eine Göttergestalt, die für Ägypter wie Griechen zum Reichsgott werden sollte" (W. Helck). Er erhielt im Serapeion der neuen Hauptstadt Alexandria seine wichtigste Kultstätte. Die Herrschaft über den Himmel, die Fruchtbarkeit der Erde und die Sorge um das Reich der Toten fanden in der Person des Sarapis einen sinnfälligen Ausdruck. Statuen und Büsten verbreiteten seine würdevolle Gestalt in Ägypten und der gesamten hellenistischen Welt und fanden später auch Eingang in Rom (S. 46f.). Als typisch hellenistische Mischgottheit konnte man in ihm außer Zeus und Osiris den Heilgott Asklepios, den Heros Herakles, der in das Totenreich hinabsteigt, und Dionysos sehen, kurz eine Allgottheit, die sich leicht in eine neue Umgebung integrieren ließ.

Mit einer gewissen Zwangsläufigkeit wurde auch Isis den neuen globalen Verhältnissen angepaßt. Sie wird mit Demeter, mit Aphrodite, mit Psyche und Fortuna, und ganz besonders mit der großen phrygischen Göttermutter Kybele (S. 55) gleichgesetzt. Diese Tendenz zur Allgöttin wurde später in der Kaiserzeit vorherrschend. Aufgrund ihrer Multifunktionalität gewannen Sarapis und Isis im ägyptischen Königskult an Bedeutung. Das Königshaus der Ptolemäer versuchte deshalb folgerichtig, ihren Kult über Ägypten hinaus in Nachbarstaaten heimisch zu machen.

Dieser weitgehende Synkretismus bildete eine wesentliche Voraussetzung für den erfolgreichen Export ägyptischer Glaubensvorstellungen. Er war auch dafür verantwortlich, daß sich in den hellenistischen Staaten Kultgemeinden bildeten und Vereine, welche den Isis- und Sarapiskult in jenen Kreisen populär machten, die der große russische Althistoriker Michael Rostovtzeff die *städtische Bourgeoisie* genannt hat. Ihre Angehörigen verbanden wirtschaftlichen Erfolg mit gesteigerten individuellen religiösen Bedürfnissen, die sie in den ägyptischen Kulten zu befriedigen hofften. Der zentrale Handelsplatz Delos in der Ägäis ist für ihre Etablierung nicht das einzige, wohl aber das wichtigste Beispiel. Ein ägyptischer Priester, Timotheos mit Namen, wanderte im frühen 3. Jahrhundert v. Chr. von Memphis nach Delos und führte eine Statue des Sarapis mit sich, der er zunächst ein privates Domizil verschaffte. Im Verlauf der Zeit entstanden bescheidene Tempelanlagen, der Kult stagnierte, ehe er im 2. Jahrhundert v. Chr., nicht zuletzt durch römische Kaufleute, einen enormen Aufschwung nahm und durch einen Beschluß des römischen Senates offizielle Anerkennung erhielt. Der internationale Handelsort Delos, dessen Zollfreiheit Rom seit 166 v. Chr. garantierte, wurde zunehmend auch ein Umschlagsplatz für die Verbreitung religiöser Kulte in der hellenistischen Welt, die hier ihre Anhänger in allen Nationalitäten und in allen Schichten fanden.

Die Hellenisierung und mit ihr die Ausweitung über den ursprünglichen Rahmen Ägyptens hinaus rief bereits ein umfängliches Kultpersonal auf den Plan. Man veranstaltete an den regionalen Heiligtümern Prozessionen, Feste und Gottesdienste, die durch ihr ägyptisches Flair, ihre farbenprächtige Aufmachung und ihre geheimnisvollen Zeremonien nachhaltige Wirkung zu erzielen wußten. Wie bei den anderen Kulten wurde die mythische Überlieferung in zunehmendem Maße schriftlich fixiert. Die bedeutsamste Abhandlung über den Isis- und Osirismythos, welche Plutarch etwa 100 n. Chr. verfaßt hat, geht auf hellenistische Vorlagen zurück. Es entstehen sogenannte *Aretalogien*, Verzeichnisse von Wohl- und Wundertaten des Sarapis und der Isis, die sowohl im Gottesdienst vorgetragen wie auch zur Werbung eingesetzt wurden.

Isis bin ich, die Beherrscherin des ganzen Landes,
und erzogen von Hermes und habe mit Hermes die
Buchstaben erfunden, die heiligen und die profanen,
damit nicht alles in denselben geschrieben werde.
Ich habe den Menschen Gesetze gegeben und
gesetzlich festgelegt, was keiner verändern darf
...
Ich bin des Kronos älteste Tochter.
Ich bin Weib und Schwester des Königs Osiris.
Ich bin es, die den Menschen Frucht erfunden hat.
Ich bin die Mutter des Königs Horos.
Ich bin es, die im Sternbild des Hundes aufgeht
...
Ich habe gesetzlich festgelegt, daß die Eltern vom Kinde geliebt werden.
Ich habe den lieblos gesinnten Eltern Strafe auferlegt.
Ich habe mit Hilfe meines Bruders Osiris der Menschenfresserei Einhalt geboten.
Ich habe den Menschen die Weihungen gezeigt
...
Ich habe das Recht stärker als Gold und Silber gemacht.
Ich habe gesetzlich festgelegt, daß die Wahrheit als gut anerkannt werde.
Ich habe die Kontrakte erfunden.
Ich habe den Griechen und Barbaren die Sprachen verordnet.
Ich habe gemacht, daß Gutes und Schändliches sich von Natur unterscheiden.
(Aus der Isis-Aretalogie von Kyme, 1. Jahrhundert n. Chr., Übersetzung W. Peek)

Die ägyptischen Gottheiten in der römischen Welt

Diese eindrucksvolle Selbstaussage hebt auf die umfassende Wirkungsmacht der Göttin ab und ist mit ihren Beispielen so abgefaßt, daß sie den Menschen jedweder Herkunft und jedweden Standes einleuchtete. Das weitere Vordringen der ägyptischen Kulte nach Rom und Italien folgte allgemeinen Schemata. Italische Händler bringen den Sarapiskult von Delos nach Puteoli, dem wichtigsten Seehafen und Warenumschlagsplatz in Kampanien, von wo aus er sich weiter nach Latium und Rom ausbreitete. Mehrfach schritt der römische Senat gegen seine Etablierung in der Öffentlichkeit ein, sei es, daß man aus politischen Gründen an der ägyptischen Herkunft Anstoß nahm, sei es, daß moralische Vorbehalte, ähnlich wie beim Dionysoskult, geltend gemacht wurden. Die mehrfach ausgesprochenen Verbote (58, 53, 50, 48, 28 v. Chr.) konnten die erfolgreiche Ausbreitung letztlich nicht verhindern, zumal ägyptische Kultur und Religion nach der Einverleibung des Landes in das Imperium Romanum (30 v. Chr.) auch für die reichen und gebildeten Römer zunehmend attraktiv, ja geradezu schick wurden. Mit der Herrschaft des Caligula (37–41 n. Chr.) setzte die Phase der staatlichen Förderung ein, die in einem großen Tempelkomplex, einer Verbindung eines Iseum mit einem Serapeum, auf dem Marsfeld im städtischen Zentrum sichtbaren Ausdruck erhielt. Die Kaiser des 2. und 3. Jahrhunderts wetteiferten um die Gunst der ägyptischen Gottheiten: Caracalla errichtete 215 n. Chr. einen großen Tempel auf dem Quirinal, die ägyptischen Feste wurden in den offiziellen römischen Kalender aufgenommen, der Isiskult zum „Staatsgottesdienst" (G. Wissowa) erhoben.

Diese beeindruckende und typische Karriere in Rom besitzt Parallelen in Italien und den Provinzen mit unterschiedlichen Schwerpunkten: Ägypten, Kleinasien, sodann Afrika, Spanien, Gallien, Britannien und Germanien, wo die Isis- und Sarapisverehrung – etwa in Straßburg, Mainz, Köln, Baden-Baden und Karlsruhe – bezeugt sind. Bemerkenswert ist ein Weihealtar aus dem 4. Jahrhundert n. Chr. in Köln, der für „die Isis mit den zehntausend Namen" (*Isidi Myrionymo*) gestiftet und später in die Fundamente von Sankt Gereon verbaut wurde, ein wichtiges Zeugnis für lokale Kontinuität von Heiligtümern in der spätantiken Stadt.

In der Regel waren es Hafenstädte (Ostia, Lyon) und Legionslager, von denen aus als lokale Zentren der Kult in begrenztem Umfang ins Hinterland getragen wurde. Die Verbreitungsrouten geben Hinweise auf die Verehrer: Händler, Schiffer, Handwerker, Sklaven und Freigelassene und selbstverständlich die Angehörigen des Militärs. Dieses übliche Substrat erfuhr dadurch seine besondere Prägung, daß Isis ihrem mütterlichen Charakter nach vor allem Frauen ansprach, nicht nur die der Unterschicht oder der „Halbwelt“, wie die Überlieferung gerne Glauben machen will.

Eine aufschlußreiche Skandalgeschichte aus der Zeit des Kaiser Tiberius, die der jüdische Autor Flavius Josephus erzählt (19 n.Chr., Jüdische Altertümer 18,65 ff.), belegt nicht nur, daß bereits in der frühen Kaiserzeit Damen der Oberschicht Isis verehrten und regelmäßig ihr Heiligtum aufsuchten; sie erlaubt auch einen Blick auf den inneren Vollzug der Riten. Paulina, eine vornehme, gut aussehende, reiche und standesgemäß verheiratete römische Frau, wurde von einem römischen Ritter, Decius Mundus, heiß begehrt, doch wollte sie von ihm und seinem großzügigen Geldangebot nichts wissen. Als ihm von einer Dienerin der Paulina der Rat gegeben wird, er solle die Isisverehrung der Herrin ausnutzen, um auf diesem Wege zum Ziele zu kommen, willigte er ein. Die Priesterschaft des Isistempels war bereit, für einen Betrag von 50000 Denaren mitzuspielen. Sie eröffnete der römischen Matrone, der Gott Anubis, Sohn und Helfer des Osiris, liebe sie und heiße sie, des Nachts zu ihm zu kommen, ein Angebot, das sie frommen und arglosen Sinnes annahm und sogar ihrem Gatten erzählte. Decius genoß nach dem priesterlichen Arrangement in Stellvertretung des Gottes die Nacht mit Paulina, die den göttlichen Besuch zweifellos als hohe Auszeichnung verstanden hatte. Der windige Vorfall, nach römischer Auffassung ein arglistig (*dolo*) erschlichener Beischlaf und ein Ehebruch (*adulterium*), wäre nicht in die Öffentlichkeit gedrungen, wenn nicht Decius selbst die Sache publik gemacht hätte. Ein öffentliches Strafgericht folgte, die Isispriester wurden ans Kreuz geschlagen, der Tempel zerstört und das Kultbild in den Tiber geworfen – eine harte, aber angemessene Bestrafung angesichts des schändlichen Betruges, wie der jüdische Autor glauben machen will.

Der Wahrheitsgehalt des von Josephus erzählten Skandals steht hier nicht zur Debatte. Wichtig ist, daß auch im Isiskult die Erscheinung (Epiphanie) und die Vereinigung mit dem Gott möglicherweise ungewöhnlich, aber jedenfalls nicht fremd waren und daß, wie im Dionysuskult, die persönliche Begegnung als eine herausgehobene Form des Gottesdienstes galt. Das konnte man natürlich auch ganz anders sehen. Die Geheimhaltung der Interna boten Raum für Verdächtigungen gerade in sexueller Hinsicht, für Mißverständnisse und Ablehnung in der Öffentlichkeit.

Ein zutreffenderes Bild gewinnt man, wenn man sich den Ablauf und die „innere Logik" der Kulthandlungen vor Augen führt. Der Tempel, die „Behausung" (*aedes*) der Götter, bildete ihr Zentrum und Ausgangspunkt der Verehrung. Isis und Osiris (Sarapis) als Hauptbewohner konnten dabei auch gewisse „Untermieter" dauerhaft beherbergen, den Sohn Horus (griechisch Harpokrates), den schakalartigen Anubis oder die katzenförmige Bubastis, die ägyptische Bastet, die Göttin der Fröhlichkeit und Liebe. Zum täglichen Gottesdienst wurde der Tempel am Morgen feierlich vom kahlgeschorenen und in weiße Leinengewänder gehüllten Priester geöffnet, das Götterbild unter Verwendung von Feuer und Wasser „geweckt": Die Göttin wurde beim Namen gerufen, sodann feierlich bekleidet und geschmückt. Eine besondere Rolle spielte in der täglichen Liturgie die Zelebration des Nilwassers, die Verkörperung des Osiris, welches der Priester den Gläubigen in einem Kultgefäß zeigte. Von Ferne erinnert dieser Akt, wie er in einem bekannten Fresko aus Pompeji zu sehen ist, an die Präsentation der Monstranz bzw. des Kelches im Gottesdienst der katholischen Kirche, die ja auch nur die Behältnisse, „Umhüllungen" des eigentlichen Mysteriums bilden. Täglicher Tempelbesuch und lange stille Anbetung prägten den Frömmigkeitsstil des Isiskultes in besonderer Weise. Sie schufen ein enges Verhältnis zwischen Heiligtum und Gläubigen, schufen eine, wenn auch lockere Gemeinde, in welcher die unterschiedlichen Funktionsträger im gemeinsamen Kult vereinigt waren.

Wie diese Kultgemeinschaft im einzelnen gegliedert war, läßt sich nach den Inschriften mit einiger Sicherheit feststellen. Die Spitze repräsentierten ägyptische Priester, die als Kollegium

Der Priester in weißem Gewand und mit kahlrasiertem Kopf tritt vor den Tempel, ein Wassergefäß mit verhüllenden Händen haltend; im Vordergrund Priester mit Opferaltar, flankiert von Musikanten und Kultanhängern. Gemälde aus Pompeji.

einen Oberpriester (*summus sacerdos*) besaßen. Ihnen zur Seite standen Propheten, die sich in den heiligen Lehren auskannten. Sodann kamen die Träger der heiligen Symbole und die Personen, welche sich um das Ankleiden und Schmücken der Kultstatue zu kümmern hatten; sie bildeten wohl einen eigenen Einweihungsgrad. Unter den Mysten im engeren Sinne, den *cultores* bzw. *therapeuontes*, mögen die Isiasten und Sarapiasten einen eigenen Platz eingenommen haben, ebenso wie die Verehrer des Anubis und der Bubastis, die sich bei feierlichen Anlässen nach der Art ihres Vorbildes kostümierten.

Auch hier scheint die Dreiteilung: Priesterinnen bzw. Priester als Kerntruppe, sodann Funktionsträger gemäß den Riten und Kulthandlungen und als dritte Gruppe die große Schar der einfachen Gläubigen, das normale Spektrum gebildet zu haben.

Als Ganze trat die Kultgemeinschaft in Erscheinung bei den außergewöhnlichen ägyptischen *Festen*, von denen die feierliche Eröffnung der Schiffahrt (im römischen Kalender zum 5. März als *Isidis navigium* verzeichnet), und die Gedächtnisfeier zur Auffindung des Osiris, die *heuresis* bzw. *inventio*, ein großer Festzyklus vom 26. Oktober bis 3. November, die bedeutendsten waren. Auf ihnen entfaltete sich der ganze Reichtum der Rituale, wurde in prächtigen Inszenierungen und unter Aufbietung des sorgfältig kostümierten Kultpersonals die Schauseite des Isiskultes der Öffentlichkeit präsentiert.

Auf dem Frühlingsfest erhielt Isis als Beschützerin der Seefahrt und der Seeleute ein kostbares Schiff, beladen mit Spezereien und Gewürzen, welches in einer feierlichen Prozession vom Tempel zum Hafen geleitet und dort dem Meere übergeben wurde. Diese Einsegnung bildete gewissermaßen das Gegenstück zur Eröffnung der Schiffahrt in Athen durch das Frühlingsfest der Anthesterien und hatte für das römische Gemeinwesen insofern einen ganz handfesten Hintergrund, als von Ägypten, von Alexandria aus, die lebenswichtigen Getreideimporte nach Rom und Italien gelangten. Für diese Versorgung war eine sichere, durch die Isis Pelagia (*pelagos* = das Meer) beschützte Passage Voraussetzung. Der festliche und farbenprächtige Aufzug, wie ihn Apuleius in seinen Metamorphosen so eindrucksvoll schildert (XI,8 ff.), stellte als zentrale Figuren die Kultgottheiten des Anubis und der Isis heraus, welche in Tiergestalt, als Schakal und als Rind verkleidet, im Zug mitgeführt wurden. Daneben trugen Priester das „unaussprechlich heilige Symbol“ (*argumentum ineffabile*) der geheimen Mysterien, das göttliche Nilwasser des tod- und lebensspendenden Osiris, in einer goldenen, mit ägyptischen Götterbildern und einer Schlange verzierten Kanne, ferner die

Kiste (*cista*) mit den verborgenen Heiligtümern, die man nur in frommem Schauer erahnen konnte. Es war dieses gut inszenierte Spannungsverhältnis zwischen Schauenlassen und Verbergen, das der Festgemeinde, den Eingeweihten ihren exklusiven Status verlieh und zum anderen bei Außenstehenden eine attraktive und werbende Wirkung entfaltete.

Tiefer ins Innere des Kultes führte das zweite Hochfest im Herbst: die rituelle Klage um den getöteten und zerstückelten Osiris und das Suchen das heiligen Leichnams, der endlich gefunden, zusammengesetzt und „wiederbelebt" wurde, ein rauschhaftes Freudenfest, das drei Tage währte und am letzten, dem 3. November, das freudige Ereignis nach außen trug: „Wir haben ihn gefunden, laßt uns fröhlich sein – *Heurekamen – synchairomen*", was in Rom zum geflügelten Wort wurde. Klagen und Mitleiden, sodann dramatische Invention und wunderbare Auferstehung des Osiris bildeten Rituale, welche der ägyptische Kult in die neuen Länder mitgenommen hatte. Sie besaßen Vorbildsfunktion für die eingeweihten Gläubigen. Sie erwarteten analog zum Schicksal ihres Gottes eine Wiedergeburt, eine *renatio*, die auf einen allgemeinen besseren Zustand in der Zukunft hinauslief. Die zukünftige Glückseligkeit ließ sich durch Nachahmung, *mimesis*, und Teilhabe am Schicksal des Gottes (S. 97f.) erreichen. Diese Konsequenz legt der gesamte Kultzusammenhang nahe.

Der Bericht über die Einweihung des Romanhelden Lucius in die Isis-Mysterien, den Apuleius bietet, vermittelt bei aller gewollten Unbestimmtheit sehr wohl wichtige Kernelemente der Initiation, ihres Ablaufes und ihrer Intention, die zusammen mit den übrigen Quellen ein stimmiges Bild ergeben. Nach Anleitung der Priester mußte sich Lucius durch ein Reinigungsbad, Fasten und Askese sorgfältig vorbereiten, ehe er, in ein grobes Gewand gehüllt, am Abend in das Innere des Tempels gebracht wurde, nachdem alle Uneingeweihten die Stätte verlassen mußten. Was Lucius anschließend über die Dinge berichtete, die ihm widerfahren waren, hat man stets als ein verschlüsseltes *synthema*, eine für die Außenwelt zugelassene *Einweihungsformel* begriffen:

Ich bin an die Grenzen des Todes gekommen
und habe die Schwelle der Proserpina betreten,
durch alle Elemente bin ich gefahren und dann zurückgekehrt.
Um Mitternacht habe ich die Sonne in blendend weißem Leuchten gesehen.
Den Göttern droben und drunten bin ich von Angesicht zu Angesicht genaht
und habe sie aus nächster Nähe angebetet"
(Apul. met. 11, 23,7, Übersetzung R. Helm).

Die Begegnung mit dem Tod, das Durchmessen eines „elementaren" Weges, der plötzliche Einfall von Helligkeit zur tiefsten Nachtstunde, die unmittelbare Begegnung mit göttlichen Gestalten (Statuen? Masken?), die der Myste anbetete – *wie* diese Erlebnisse im Tempel von der Priesterschaft inszeniert worden sind, wird sich nicht mehr klären lassen; aber mit einer geschickten Ausnutzung aller damals verfügbaren mechanischen Hilfsmittel, wie sie in ganz anderer Weise heute die Spiegellabyrinthe und Geheimkabinette auf den Jahrmärkten bieten, darf man sicher rechnen. Zur Dramaturgie des gesamten Mysterienspiels gehörte dann auch die anschließende Präsentation des Neophyten, des „Neugeborenen", der in einem mit zwölf Stolen geschmückten Gewand (S. 90), eine Fackel in der Hand und einen Palmenkranz auf dem Haupte, vor das Volk trat. Danach schloß sich ein Festessen zum Geburtstag (*dies natalis*) an, womit der neue Lebensabschnitt sinnfällig seinen Anfang nahm.

Ablauf, Inszenierungen und Accessoirs besaßen ihre tiefe symbolische Bedeutung, die hier im einzelnen nicht entfaltet werden kann. Isis, „die heilige, immerwährende Retterin des Menschengeschlechtes" (Apul. met. 11, 25,1) stattete den neuen Menschen mit den Hilfsmitteln aus, die er für seinen weiteren Lebenskampf und für sein seliges Ende brauchte. Die psychotherapeutische Wirkung, die seelische „Reinigung", die der Mysterienanhänger durch die Einweihung erfuhr, hat man zu Recht als Ergebnis und als Zweck der Weihen hervorgehoben. Sie mußten gegebenenfalls auch an einem anderen Ort erneuert bzw. aufgefrischt werden. Lucius erhielt in einem zweiten Akt die Weihen des Osiris, des hohen Göttervaters und unbesiegten Gottes, wie es bei Apuleius heißt. Er stieg unter die Funktionäre und Priester auf, die Krönung seiner Einweihung, die er stolz durch seinen kahlgeschorenen Kopf auch äußerlich dokumentierte.

Die Mehrfachweihen erfuhren in der Spätantike eine gewaltige Ausweitung. Die Ehegatten Vettius Agorius Praetextatus und Fabia Aconia Paulina, berühmte Angehörige der Reichsaristokratie, rühmen sich auf ihren Grabinschriften ihrer großen Religiösität, welche die Verehrung der Isis, des Dionysos, der Demeter, der Hekate und anderer Gottheiten umfaßt (Inscriptiones Latinae Selectae 1259 und 1260, S. 109f.). Die „vielschichtige Erscheinungsform der Götter" (*divum multiplex numen*), wie sie im Grabgedicht angesprochen wurde, betraf naturgemäß auch Isis und Osiris, die sich zu Allgöttern im ägyptischen Gewand entwickelten. Nach wie vor betont man die Fülle ägyptischer Götter und Religionspraktiken, neben Isis, Osiris und Sarapis vor allem den bereits erwähnten Horus, Anubis und Bubastis, die heiligen Tiere (Katzen, Vögel, Schlangen, Krokodile), die verschwenderische Vegetation des Nillandes und nicht zuletzt die rituelle Verwendung des Wassers, des lebensspendenden Elementes par excellence. Aber die Götter selbst hatten im Zuge der spätantiken Religionsentwicklung diesen regional bestimmten Rahmen längst verloren. Isis, die mächtige Allmutter, die für alle Bereiche des Kosmos, der Lebens- und Totenwelt zuständig ist, hatte in Osiris und in Sarapis universale Begleiter erhalten. Sie lebten nach dem Verbot und der Zerstörung der heidnischen Kulte am Ende des 4. und zu Beginn des 5. Jahrhunderts in anderen und eingeschränkteren Formen weiter. Als Herr des Wassers, *aquarum dominus*, übernahm Christus in Ägypten das Erbe des Osiris und des Sarapis, dessen beeindruckende Darstellung als *Kosmokrator*, als Weltenherrscher, den Typus des Christus *Pantokrator*, des Allherrschers, mit beeinflußt hat. Ganz besonders bereitete aber das Bild der mütterlichen Isis, welche den Horusknaben auf ihrem Schoße trug und ihm die Brust darbot, die sogenannte *Isis Lactans*, den Typus der thronenden Gottesmutter Maria mit dem Jesusknaben vor.

Die thronende Isis mit Horus auf dem Schoß, dem sie die Brust reicht. Auf der kleine Statue, wahrscheinlich in der frühen Kaiserzeit entstanden, ist das Kind bis auf das rechte Beinchen weggebrochen (Staatliche Sammlung für Ägyptische Kunst, München)

Auch in diesem Falle handelt es sich weniger um die einfache Übernahme eines Bildtypus, sondern um die Anverwandlung und Umsetzung menschlicher Urbilder und theologischer Überzeugungen, die sich über Jahrhunderte hinweg an der Gestalt der Isis festgemacht hatten: die Mutter als Thron Gottes; das göttliche Kind, das aus ihrem Schoße stammt; die Ernährerin und Beschützerin, die ihre mütterlichen Gaben all denen zuteil werden läßt, die ihre Kinder sein wollen.

Es war dies eine archetypische Prägung von außerordentlich suggestiver Kraft, die christliche Künstler und Theologen bis weit über das Mittelalter hinaus für ihre frohe Botschaft nutzbar zu machen wußten.

V. Kybele und Dea Syria

Muttergottheiten, die in der altorientalischen Götterwelt eine zentrale Rolle spielen, besitzen nur in einem sehr eingeschränkten Sinn ein individuelles Profil. Sie repräsentieren frauliche und mütterliche Eigenschaften in ihrer ganzen Bandbreite, die sie auf eine transzendentale Ebene heben. Dabei bilden regionale Besonderheiten und zusätzliche Funktionen unterscheidende Merkmale. Demeter, der Allmutter, liegt das Getreide am Herzen; Isis, Gattin und Mutter, sorgt sich um die Toten.

Kybele, die Große Mutter (*meter*), teilt mit ihnen die komplexe Herkunft. Als ihre Heimat gilt das wilde und zerklüftete anatolische Bergland, welches nach etwa 1000 v. Chr. von den Phrygern besiedelt wurde, die eine *Mater Kubile* in ekstatischen Riten verehrten. Pessinus an der Grenze von Phrygien und Galatien entwickelte sich schon früh zum Kultzentrum mit einer mächtigen Priesterschaft, *Galloi* genannt, die sich der Göttin zu Ehren entmannt hatten. An der Spitze dieser sakralen Eunuchen stand ein Oberpriester, der den Namen Attis trug. Wie bei Dionysos feierte man sie mit wilden Musikaufzügen, mit Pauken (*tympana*) und Zymbeln, deren sprachliche Form (*kymbala* – Bronzebecken) auf eine gemeinsame semitische Urbedeutung verweisen: *Kupe, Kumba.* Das läßt sich als Höhle – Gefäß – Gewölbe deuten und verweist sowohl auf den weiblichen Schoß wie auf die musikalischen Schallbecken. Zum wilden Gefolge der Kybele gehören Leoparden und Löwen, die ihren Wagen ziehen, nicht zuletzt bewaffnete junge Männer, Kureten oder Korybanten (die „Wirbeltänzer"), welche die Göttin unter gefährlichen Waffentänzen und lautem Gebrüll begleiten und das Gegenstück zum dionysischen Schwarm der Mänaden bilden.

Kybele gilt zum einen als die Mutter aller Götter. Zu diesem universalen Wesenszug tritt ihre Eigenschaft als Herrin des Wildes, das die Wälder bevölkert, und als Bergmutter. Dies konnte sich ganz konkret auf bestimmte Bergregionen wie das Idagebirge im kleinasiatischen Mysien beziehen und die Verehrung besonderer Bäume, Steine und Tiere einschließen. Und doch liegt ihr als Göttin der Stadt, erkennbar an der Mauerkrone auf dem Haupte, auch der Schutz und das Wohl ihrer Bewohner am Herzen; dieser Charakterzug ist möglicherweise ein Erbe der mesopotamischen Stadtkulturen, das sich zu ihren übrigen Eigenschaften hinzugesellt hat.

Die Ansätze zu einem Mysterienkult mögen sich durch ihre Übernahme in den griechischen Bereich verdichtet haben. Hier wird sie mit Rheia, der Gemahlin des Kronos und Mutter des Zeus, verbunden, vor allem aber der Demeter angenähert. Diese Übernahme hat nur bedingt ihren wilden Charakter gemildert, der offensichtlich bei den städtischen Bürgern des 5. Jahrhunderts v. Chr. zunehmend Sympathie und Interesse fand. Orgiastisches Profil der Riten und eleusinische Kultfrömmigkeit wurden dann, möglicherweise bereits in frühhellenistischer Zeit, durch Mythenerzählungen zusammengebunden und verständlich gemacht. Sie finden sich in den Kultfeiern wieder. Die unterschiedlichen Versionen des Mythos stimmen darin überein, daß eine große Muttergottheit einen schönen jungen Geliebten besitzt, zumeist Attis genannt, der ihr untreu und von der Göttin mit Wahnsinn geschlagen wird. In diesem Zustand entmannt er sich und stirbt unter einer Pinie. Trauer und Reue der grausamen Göttin und die Bitte an Zeus, dem Geliebten das Leben wiederzuschenken, haben nur einen eingeschränkten Erfolg: der tote Körper des Attis wird, so heißt es bei dem christlichen Autor Arnobius (Adversus nationes 5, 5–7), nach dem Willen des Göttervaters nicht verwesen. Raserei, Kastration, Tod und partielle Wiederherstellung bilden die zentralen Motive der Erzählungen, die offensichtlich rituelle Praktiken des Kultes zu erklären versuchen. Sie hatten sich bereits im phrygischen Pessinus als Geheimfeiern herausgebildet, mit besonderen Reinigungsvorschriften, Kultmahlzeiten und einer heiligen Stätte, deren Zentrum der heilige Stein, ein schwarzer Meteorit, bildete. Er symbolisierte die Gottheit. Es ist für die hellenistische Epoche charakteristisch, daß der pergamenische König Attalos Soter (241–197 v. Chr.) diesem Steinfetisch in Pergamon einen eigenen Tempel

Die große Göttermutter wird von einem Löwenwagen gezogen,
rechts ihr Geliebter Attis in phrygischer Tracht,
der an einem Pinienstamm lehnt; Umzeichnung einer Darstellung
auf einem Taurobolienaltar des L. Cornelius Orphitus.
Die Inschrft ILS 4143 datiert die Weihung auf das Jahr 295 n. Chr.

errichtete und so die Kybele in der Hauptstadt unter seinen Schutz und seine Aufsicht zu bringen versuchte.

Kybele in Rom

Die Überführung des Meteorsteines im Jahres 205 v. Chr. nach Rom war es gewesen, die dem urwüchsigen und rohen Kult die Aufmerksamkeit der lateinischen Autoren eintrug und ihn während der Kaiserzeit im Imperium Romanum populär machte. Die Translation, mittelalterlichen Reliquienüberführungen durchaus vergleichbar, erfolgte nach Anweisung der sibyllinischen Bücher, einer hochberühmten Orakelsammlung, und ihrer Interpreten, einem priesterlichen Zehnmännerkollegium. Absicht war, die gestört geglaubte Harmonie zwischen Götter- und Menschenwelt durch einen Akt der Entsühnung wieder ins rechte Lot zu bringen und durch den Zuwachs an religiösem Heil einem Sieg über Hannibal näher zu kommen.

Ängste und Nöte des Zweiten Punischen Krieges (218–201 v. Chr.) bildeten den Hintergrund für die Einbürgerung des Kybelekultes.

In einem feierlichen Staatsakt unter starker Beteiligung der römischen Aristokratie wurde die große Göttermutter vom Berge Ida, die *Mater deum Magna Idaea*, in Form des schwarzen Meteoriten per Schiff in die *urbs*, nach Rom, gebracht, eine offiziöse Aufnahme in den römischen Götterhimmel, die der Kybele einen Tempel auf dem Palatin, staatliche Festspiele (die *ludi Megalenses* vom 4. bis 10. April eines jeden Jahres) und ein jährliches Opfer durch den Stadtpraetor eintrugen.

Diese so ganz andere Reaktion auf einen fremden orgiastischen Kult, als sie der römische Senat rund zwanzig Jahre später im Hinblick auf die geheimen Dionysosfeiern an den Tag legen sollte (S. 32 f.), ist erklärungsbedürftig. Es spricht einiges dafür, daß Roms herrschende Schicht den blutigen Hintergrund der Kybele- und Attisfeiern nicht recht einzuschätzen vermochte. Für sie schufen die Göttin und ihre Herkunft aus Kleinasien eine Verbindungslinie zu den trojanischen Urahnen und ihrem Stammvater Aeneas, die eben dort beheimatet waren. Als die orgiastischen Züge in ihrem vollen Ausmaß zu Tage traten, verbanden die staatlichen Stellen die offizielle Duldung und kluge Förderung im Hinblick auf das Volk mit beschränkenden Auflagen: Ein römischer Bürger durfte kein Kybelepriester werden; die im Kult praktizierte Selbstentmannung galt als schimpflich und konnte zu erheblichen Schwierigkeiten bei Erbschaftsangelegenheiten führen: hatte der Kastrat doch gleichsam seine Personalität verloren und war weder Mann noch Frau (Valerius Maximus 7, 7,6). Bis weit ins 1. Jahrhundert v. Chr. hinein lassen sich auch Vorbehalte der römischen Bevölkerung nachweisen, die den Kult und seine Anhänger vielfach als anstößig empfand.

Diese vorsichtige Doppelstrategie vermochte den Kult zur Zeit der Republik auf einen kleinen und überschaubaren Personenkreis zu beschränken, der in der Hauptsache aus den östlichen Provinzen stammte. Sie konnte aber nicht verhindern, daß gegen Ende der Republik die blutigen und orgiastischen

Feiern mehr und mehr Zulauf erhielten. Das betrifft nicht den Kybelekult allein. Auf den Feldzügen von Sulla und Pompejus nach Kleinasien in der ersten Hälfte des 1. Jahrhunderts v. Chr. hatten römische Heere die Göttin Ma aus dem kappadokischen Komana kennengelernt, auch sie eine Verkörperung der wilden Natur, deren Anhänger, die *fanatici*, durch Musik und Tanz aufgereizt, sich mit ihren Waffen blutige Wunden zufügten. In diesem Zustand weissagten sie und opferten das eigene Blut der Göttin. Die Römer identifizierten sie mit ihrer gewalttätigen Kriegsgöttin Bellona, womit Ma ein gewisses „Heimrecht" in Rom erhielt. Als *dea pedisequa* (ILS 3804) folgte diese als Dienerin der Kybele gleichsam auf den Fuß und verstärkte so im kulturellen und religiösen Leben der Großstadt die orgiastischen und fremdartigen Züge. Ma Bellona und Kybele stammten beide aus der kleinasiatischen abgelegenen Bergwelt, in beiden waren die gleichen wilden und ungebändigten Kräfte am Werk.

Die zunehmende Akzeptanz dieser emotionalen, wilden und blutigen Religionspraktiken geht zum einen auf die Förderung und Konzessionsbereitschaft politischer Stellen und Personen zurück. Dem Konsul Cornelius Sulla (88 v. Chr.) war die Göttin Ma im Traum erschienen und hatte ihm Erfolg in der Auseinandersetzung mit den innenpolitischen Gegnern in Rom prophezeit. Augustus ließ den Tempel der Kybele auf dem Palatin in neuem Glanze erstehen, um seine Verehrung und seine Beziehung zu Aeneas (S. 59) zu untermauern. Der Kaiser Claudius (41–54 n. Chr.) förderte den Kult und ließ den Festzyklus neu ordnen, möglicherweise um ein Gegengewicht zu dem durch Caligula hoffähig gemachten Isis-Kult in Rom zu erzeugen. Es galt, „den Strom des populären Aberglaubens in ein anderes Bett zu lenken" (F. Cumont). In all diesen Aktionen trafen sich die politischen Entscheidungen mit den Erwartungshaltungen und der Bereitschaft weiter Bevölkerungskreise, für welche die fremdländischen Kulte insgesamt, ihre Rituale, ihre beeindruckende Außenseite und ihre tröstenden Verheißungen eine starke Faszination ausübten. Die soziale Akzeptanz bildete die andere, wesentlichere Voraussetzung für die Verbreitung.

Im Magna Materkult waren es besonders Freigelassene, die ihn trugen und pflegten – ein dynamischer und mobiler Personenkreis, welcher dem Kult seine Ausdehnung in geographischer und gesellschaftlicher Hinsicht sicherte.

Es verwundert nicht, daß es gerade Hafenstädte und Knotenpunkte des Handels waren, über welche sich der Magna Materkult in die Provinzen hinein verbreitete. In Italien bildeten Puteoli und Ostia bedeutsame Zentren, in Afrika Leptis Magna und Karthago, in Gallien und Germanien Lyon, Trier und Köln, wo Inschriften und archäologische Relikte die Existenz wie auch das soziale Profil des Kultes bezeugen. In den gallisch-germanischen Provinzen finden sich vom späten 2. Jahrhundert n. Chr. an die wichtigsten Belege für einen eigentümlichen Initiationsritus, das *Taurobolium* (bzw. *Criobolium*), eine Art Blutstaufe, die mit dem Kybelekult verbunden wird, zuweilen aber auch als eigenständiges Ritual begegnet. Der Initiand steigt in eine eigens konstruierte Grube hinab, über welcher auf einem durchlöcherten Lattenrost ein Stier (*taurus*) oder auch ein Widder (griech. *kriós*) geschlachtet wird. „Sein Blut kommt über ihn" (vgl. Matthäus 27,25), reinigt und kräftigt den Initianden und verhilft ihm zu einer *renatio*, einer Wiedergeburt. *In aeternum renatus* – auf ewig wiedergeboren – wie es auf einem stadtrömischen Altar aus dem Jahre 376 n. Chr. (ILS 4152, vgl. S. 101) heißt, den ein hoher Beamter der Kybele und dem Attis weiht und seine Wiedergeburt durch das Taurobolium verkündet. Die Taufe ist identisch mit dem Geburtstag des neuen Menschen. Sie wird zuweilen nach zwanzig Jahren erneuert. Auch die Wiedergeburt hält, wie es die Inschriften bezeugen, nicht ewig.

Dieser uns heute barbarisch anmutenden Zeremonie – wahrscheinlich ein *survival* alter Jagdkulturen, das dem Ziel diente, sich mit dem Blut auch die Kraft des erlegten Tieres anzueignen – unterzogen sich in der Kaiserzeit zunehmend auch Angehörige der politischen Elite; und sie verbanden diese persönliche Heilserwartung vielfach mit einem Opfer zum Wohle des Kaisers: *pro salute Imperatoris*. Dadurch gewann dieser blutige private Akt den Charakter einer politischen

Opferung eines Stieres über einer mit durchlöcherten Brettern abgedeckten Grube. Der Täufling trägt ein seidenes Gewand und ist mit Binden und einem goldenen Kranz geschmückt. Das Stierblut, das ihn überströmt, hat die Funktion der Reinigung und der Kraftübertragung.

Identitätsbezeugung und sicherte dem Kult zusätzlich öffentliche Anerkennung.

Anläßlich des Taurobolium fand zuweilen ein weiteres archaisches Ritual statt, das die Bluttaufe wieder an den Mythos der Großen Mutter zurückband. Die Stierhoden (*vires*), Inbegriff der männlichen Kraft, wurden in einem besonderen Zeremoniell als Opfer dargebracht (ILS 4157–4159). Der Vorgang besaß eine gewisse Stellvertreterfunktion. Die Entmannung war zentraler Vorgang im Attismythos, die *Galloi*, die kastrierte Priesterschaft im Heiligtum der Großen Mutter in Pessinus, gaben das Vorbild ab für die vielen Nachfolger im Imperium Romanum, die sich nach dem Opfer ihrer Männlichkeit ganz in den Dienst der Göttin stellten.

Die kultische Entmannung als Höhepunkt des Frühlingsfestes zu Ehren der Großen Mutter, welches in Rom vom 22. bis 27. März dauerte, war eingebunden in einen genau abgestimmten Festablauf. Zunächst wurde eine mit Binden umwickelte Pinie, das Symbol des toten Attis, in den Tempel gebracht, worauf ein langes, rituelles Klagen anhob. Am 24. März, dem Blutstag (*sanguen*) versetzten sich die Anhänger durch aufreizende Musik und wilden Tanz in Trance, brachten sich mit scharfen Messern Wunden bei und bespritzten mit dem Blut das Bild der Göttin. Einige wenige haben in diesem Zustand dann auch wohl den letzten Schritt getan und sich mit einem Steinmesser bzw. mit einer Tonscherbe selbst entmannt. So lautet die Deutung, welche der *dies sanguinis*, der Tag des Blutes, bei den meisten Forschern gefunden hat. Möglicherweise ist aber die nicht ungefährliche Kastration auch von anderen ausgeführt worden. Daß dabei ein atavistisches, „vorsintflutliches" Instrument benutzt werden mußte, ist ein Indiz, in welche frühe Zeit dieses barbarische Opfer gehörte. Ein Freudenfest und ein Ruhetag folgten, ehe das Götterbild auf einem Wagen zum nahegelegenen Fluß Almo gefahren, dort gereinigt und gebadet wurde.

Das Frühlingsfest zu Ehren der Großen Mutter akzentuiert den Vorgang des Sterbens und Wiedererwachens der Vegetation auf ganz spezifische Weise. Die Kastration, vielfach bildlich dargestellt durch das Abschneiden von Ähren, bedeutet ein partielles Absterben, dem ein zweiter, wichtiger Akt zugeordnet ist. Nach dem Vorgang im Mythos werden die Hoden sorgfältig gereinigt und der Göttin dargebracht, möglicherweise in einem besonderen Behältnis (*kernos*) geborgen und in einem unterirdischen Gemach beigesetzt. „Die heilige, unaussprechliche Ernte des Gottes", wie es bei Kaiser Julian in seiner Rede auf die Große Mutter heißt, hat offensichtlich den Sinn, die mütterliche Erde mit männlicher Kraft zu befruchten, sie gleichsam magisch aufzuladen. Die Selbstverstümmelung mündet so in einen „kultischen Zeugungsakt" (H. Strathmann) ein. Für dieses archaische Ritual hatte der Kirchenvater Augustinus nur Verachtung übrig: „Das also sind die berühmten Mysterien der Tellus (der Göttin Erde) und der Großen Mutter, bei denen alles auf vergänglichen Samen und auf Pflege des Ackerbaus hinausläuft;" und er weiß als Christ, daß derartige abstruse Rituale – das Aufbieten von wilder Musik und Tiermaskeraden, Gliederverrenkungen und das Auftreten der *Galloi* – eine *vita aeterna*, ein ewiges Leben, unmöglich bewirken können (De Civitate Dei 7,24).

Es ist in der Tat die Frage, wie man von den Vegetationsfeiern der Kybele im Frühling zu einer individuellen Heilserwartung, einer *soteria*, gelangt. Daß die kultische Entmannung eine Weihe und ein Mysterium darstellt, steht außer Frage. Aber sie gilt zunächst der Natur als solcher. So ist es nicht verwunderlich, daß es auch eigene Initiationsvorgänge gegeben hat, die möglicherweise an das Frühlingsfest gekoppelt waren. In einer vielzitierten Mysterienformel, die mehrfach und mit leichten Varianten überliefert ist, heißt es:

> *Aus dem Tympanon aß ich*
> *aus der Zimbel trank ich*
> *den Kernos trug ich umher*
> *ich stieg in das innerste Heiligtum hinab.*
> (Clemens von Alexandrien, Protreptikos 15,1)

Dies läßt sich halbwegs verstehen. Heilige Geräte werden zu rituellen Handlungen aufgeboten: zum Essen, zum Trinken, zum Tragen verborgener Gegenstände (die *vires*?), dem das rätselhafte Hinabsteigen in einen unteren (bzw. inneren) Raum folgt. Eine andere Variante paraphrasiert diesen letzten Akt folgendermaßen: „Ich wurde ein Myste des Attis" (Firmicus Maternus, De errore profanarum religionum 18,1). Hier wird der Abstieg, die *katabasis,* zum entscheidenden Vorgang der Einweihung und der Gefolgschaft des männlichen Kultheros. Damit ist zumindest die Erwartung des gleichen Schicksals angedeutet, die der Myste mit dem göttlichen Vorbild teilt. Es ist dies die erhoffte Rettung, die *soteria*. „Faßt Mut, ihr Mysten, aus der Rettung des Gottes; denn auch euch wird Rettung aus den Mühen werden" (Firmicus Maternus, De errore profanarum religionum 22,1) lautet die Verheißung des

Priesters, die man zuweilen auch auf die Osirismysterien bezogen hat (Nilsson GGR 2, 639). Der christliche Autor faßt in dieser Hinsicht die beiden heidnischen Kulte zusammen. Er kann das versprochene Heil natürlich nur als böse, teuflische Imitation begreifen.

Es ist müßig, aufgrund unserer dürftigen Kenntnisse die Dimensionen dieses Versprechens angeben zu wollen. Der Initiand hatte einen vorgeschriebenen und schwierigen Weg hinter sich gebracht, er hatte die rituellen Vorgaben verinnerlicht und er besaß die Rettung, das Heil gemäß seinem Vorstellungsvermögen. Wie weit dies im einzelnen reichte, können wir kaum ermessen. Der Kultvorgang als solcher bot Sinn und Verheißung an. Der Weg war gewissermaßen das Ziel.

Eine soziale Spannweite charakterisiert auch den Kult nach außen. Die an der Spitze stehenden Oberpriester, die *archigalli*, gehörten vielfach vornehmen Familien an. Sie unterzogen sich in aller Regel nicht der Kastration. Auch die Priesterinnen und Priester in der römischen Kaiserzeit kamen nun nicht mehr nur aus dem Freigelassenenstand, sondern waren römische Bürger und der städtischen Priesterschaft, dem Fünfzehnmännerkollegium (*XVviri*) untergeordnet. Flankierende Vereine, *collegia*, warben für den Kult in der Öffentlichkeit. All diese Tendenzen führten zu einer Verbürgerlichung des Kultes, wie sie sich in anderen Fällen ebenfalls beobachten läßt (S. 95).

Es konnte nicht ausbleiben, daß sich auch die philosophisch-allegorisierende Deutung des Kybelemythos bemächtigte. Kybele avancierte – wenn auch nicht in der umfassenden Weise wie Isis – zu einer Allgöttin; Attis wurde zu einem Himmelsgott, zu einem Schöpfer des Werdens und Vergehens. Der Kaiser Julian hat in seinem Hymnus auf die Göttermutter, den er auf seiner Reise nach Persien 362 n. Chr. in Pessinus verfaßte, den Mythos als ein kosmisches Lehrstück gedeutet, welches in verhüllender Weise tiefe Wahrheiten kündet: Kybele, die Allmutter – dies bedeutet die Quelle aller intellektuellen und schöpferischen Kräfte und Götter. Attis symbolisiert den Abstieg der schöpferischen Kraft aus der transzendenten in die dingliche, materielle Welt. In der Liebe zur Nymphe offenbart sich ein Einlassen, ein Versinken des Geistes in die Materie, welches nicht umsonst den Zorn des obersten geistigen Prinzips hervorruft. Durch die Entmannung wird das Zeugen, verstanden als materieller Akt und als Ursache des Werdens, von Attis genommen und bleibt als notwendige Voraussetzung für das Leben *in* der Welt, während Attis, der Entmannte und Geläuterte, wieder zur Götterwelt aufsteigt. Unverkennbar verkörpert dieser schöne Jüngling Attis für Julian das kosmische Gegenstück zum historischen Gottessohn der Christen, welchem er dadurch überlegen zu sein schien, daß sich sein, des Attis, Schicksal dauernd wiederholte und so die Ordnung der Welt verbürgte.

Mit dieser konsequent durchgeführten Spiritualisierung des orgiastischen Kultes konnte der einfache Gläubige wahrscheinlich wenig anfangen. Er schöpfte seine Zuversicht nicht aus der philosophischen Spekulation, sondern aus den heiligen Riten, die ihn persönlich in eine bessere Welt zu führen versprachen. Aber sorgfältige Vorbereitung, Askese, Reinigung und heilige Mahlzeiten kannten auch die anderen Kulte. Und die Bluttaufe (die hohe Kosten verursachte), wie die Entmannung mit ihren buchstäblich einschneidenden Folgen, waren nicht auf Breitenwirkung angelegt. Trotzdem läßt sich nicht verkennen, daß der Sinn ihrer Riten, teilweise in geläuterter Form, auch im Christentum weiterlebte. Das betrifft die Taufe wie auch die Kastration als schroffste Form der Askese. Sie spielte in einer christlichen Sekte des 2. Jahrhunderts n. Chr., dem Montanismus, eine wesentliche Rolle, eine häretische Bewegung, die bezeichnenderweise aus Phrygien, der Heimat der großen Mutter, stammte und die sich auf die unmittelbare Wiederkunft des Herrn, die Parusie, durch strengste, gewaltsam herbeigeführte Enthaltsamkeit wie durch gesteigerte Frömmigkeit vorbereitete. Montanus (gestorben um 179 n. Chr.), Gründer und Namensgeber der sich rasch ausbreitenden Bewegung, soll nach dem Urteil des Kirchenvaters Hieronymus vorher Priester der Kybele gewesen sein. Seine Entmannung lieferte die gewünschte Begründung für die rigorose Sexualmoral der Sekte. So erfuhr der ursprüngliche Fruchtbarkeitsritus in seiner spätantiken und christlich-häretischen Ausprägung eine Wende, eine „Kehre“ ins Leibfeindliche und Spiritualistische, eine Einstellung und Lebenspraxis, die für Männer wie Frauen in der Spätantike attraktiv waren. Vom 4. Jahrhundert an haben die christlichen Kaiser versucht, durch scharfe Erlasse den Montanismus einzudämmen und zu verbieten, zumeist vergeblich. Greifbar blieb diese Bewegung bis ins frühe 8. Jahrhundert n. Chr.

Dea Syria

Die andere bedeutende Muttergottheit mit orgiastischem Hintergrund, die aus Kleinasien in die hellenistisch-römische Welt eindrang, war die *Dea Syria*, die Syrische Göttin, deren Hauptheiligtum im nordsyrischen Bambyke, dem hellenistischen Hierapolis lag, wo sie als Atagartis zusammen mit ihrem Gatten Hadat, der ihr eindeutig untergeordnet war, verehrt wurde. Als allumfassende Erd- und Himmelsgöttin, der Fisch und Taube in besonderem Maße heilig waren, vereinigte sie die Züge sowohl der phönikischen Astarte-Aphrodite wie der griechischen Hera und nicht zuletzt der phrygischen Kybele.

Wie diese trägt sie als Stadtgöttin die Mauerkrone, wie diese verfügt sie als wilde Naturkraft über ein Löwengefolge; und wie diese gebietet sie über eine Priesterschaft, die sich um der Göttin willen entmannt hatte. Ein weitläufiger Komplex von Heiligtümern und eine ergiebige Tempelwirtschaft, über welche der griechische Autor Lucian im 2. Jahrhundert n. Chr. anschaulich berichtet, bildete in der Kaiserzeit Ausdruck und Fundament ihrer Herrschaft. Das große Ansehen, das die altorientalische Göttin in der kleinasiatischen Welt genoß, wußten Seleukos I. (358–281 v. Chr.) und seine Gattin Stratonike geschickt zu nutzen, besonders die Königin förderte den Kult auf alle erdenkliche Weise. Gewisse Filialen mögen sich schon früh gebildet haben, in Edessa, Dura Europos, Palmyra und Damaskus, daneben auch in kleineren Städten des griechischen Mutterlandes (Phistyon und Thuria), wo Atagartis Mittelpunkt von Mysterienfeiern wurde. Syrische Händler und Sklaven machten den Kult im 2. Jahrhundert v. Chr. auf Delos heimisch; von dort ist er wahrscheinlich nach Sizilien und Unteritalien vorgedrungen. Im großen sizilischen Sklavenaufstand von 135 v. Chr. wußte der Anführer Eunos seine Mitsklaven durch die in Aussicht gestellte Hilfe der Syrischen Göttin für sein Unternehmen zu gewinnen: Atagartis, die Dea Syria, habe ihm das Diadem und das Königtum versprochen. Sklaverei und Handel trugen die Syrische Göttin in die Provinzen, wo sie zusammen mit anderen Gottheiten verehrt wurde, machte sie in Rom um den Tiberhafen und die Markthallen, im Milieu der kleinen Leute und Gewerbetreibenden, heimisch; und es ist nicht von ungefähr, daß sie zeitweise beim exaltierten und popularitätssüchtigen Kaiser Nero in höchstem Ansehen stand (Sueton Nero 56). Die Vermischung mit Ceres und die Annäherung an die Dea Caelestis, die himmlische Herrin aus dem punischen Afrika, ferner an römische Wertbegriffe wie *Pax* (Frieden) oder *Virtus* (Tüchtigkeit) verbreiterten ihre soziale Basis nur unwesentlich. Ihre Verehrung blieb weitgehend eine Angelegenheit des einfachen Volkes, der Fremden und Randgruppen.

Auch für diesen Sachverhalt bietet Apuleius in seinen „Verwandlungen“ (Metamorphosen) reiches Anschauungsmaterial. Er illustriert die Verehrer der Syrischen Göttin, umherziehende und verschnittene Bettelmönche, in ihren typischen Aktionen (8,23 ff.). In den Augen des gebildeten und vornehmen Angehörigen der Provinzialaristokratie bilden sie eine verächtliche Menschenspezies. Mit dem Götterbild auf dem Rücken eines Esels reisen die *Galli*, wie sie analog zu den entmannten Priestern der Kybele im Lateinischen heißen, grellbunt gekleidet und auffällig geschminkt über Land und ziehen auf den Bauerngehöften, so wie es Apuleius sieht, ihre Schau ab. Auch sie tanzen sich unter dem Klang von Flöten und Zimbeln in Trance, verletzen sich mit ihren Schwerten, fügen sich gegenseitig Bißwunden zu und schlagen sich mit Geißeln blutig. Mit allgemeinen Prophezeihungen und persönlichen Weissagungen – die Göttin benötigt in ihrem Hunger einen fetten Widder, wie sie einem Bauer bedeuten – beeindrucken sie die schlichte Landbevölkerung in so überzeugender Weise, daß diese den Akteuren das religiöse Spektakel mit Geld und Almosen lohnen. Mit diesen Kollekten und Diebstählen, wenn sich Gelegenheit dazu bietet, bestreiten sie mehr schlecht als recht ihren Lebensunterhalt: eine armselige Truppe von Betrügern und widernatürlichen Lüstlingen ohne echte religiöse Überzeugung, wie der Bericht des Apuleius Glauben machen will. Aber so urteilt der sich aufgeklärt gebende Intellektuelle der Kaiserzeit, der sich dem einfachen Volke und seinen Nöten weit überlegen glaubte; es spricht einiges dafür, daß eine derartig ambulante Versorgung mit außergewöhnlichen Kultpraktiken bei der Landbevölkerung im Osten des Reiches weit verbreitet war und als religiöses Erlebnis ankam.

Man konnte die allmächtige Muttergottheit in sehr unterschiedlichen Formen verehren; das orgiastische Schauspiel der Wandereunuchen war die eine – die traditionellen Feste im angestammten Heiligtum zu Hierapolis, veranstaltet von einer, trotz ihrer Kastration angesehenen und mächtigen Priesterschaft die andere. Mit der Syrischen Göttin ließ sich Jupiter Optimus Maximus zusammenstellen, der so die Gattenrolle des syrischen Gottes Hadat übernimmt. Als Himmelsgöttin, als *Dea Caelestis*, galt sie ihren Anhängern als eine allmächtige und alles erschaffende Gottheit. Es war diese Flexibilität und Anpassungsfähigkeit, welche den Kult der Dea Syria bis in die Spätantike hinein lebendig erhielt, auch wenn die institutionellen Formen weit weniger ausgeprägt waren als in den anderen Mysterienkulten.

VI. Mithras

Antike Gottheiten verändern sich im Verlaufe der Geschichte. Ihre ursprüngliche Gestalt und ihre religiöse Botschaft gewinnen durch Wanderungen, andere Verehrerschichten und Verbindungen zu etablierten Gottheiten ein gewandeltes „Outfit", wie man heute sagt. Dabei lassen die Modalitäten der Rezeption ursprüngliche Wesenszüge in aller Regel mehr oder minder deutlich durchscheinen.

Dieser Prozeß läßt sich im besonderen Maße bei Mithras und der Entwicklung seines Kultes beobachten, der aus dem iranisch-persischen Kulturraum stammt. Der Name Mithras bringt programmatisch die wichtigste Funktion des Gottes zum Ausdruck: Er symbolisiert den Vertrag. Mithras gilt als Mittler von Übereinkunft, verkörpert jene ethisch-religiöse Kraft, welche die am Vertrag beteiligten Personen zusammenbindet. Zu dieser Funktion der Rechtswahrung tritt eine ebenso wichtige zweite hinzu. Mithras ist göttlicher Träger des Lichtes und der Helligkeit, verwandt und gebunden an Ahura-Mazda („weiser Herr"), den obersten Himmelsgott, der nach der Lehre des iranischen Religionsstifters Zarathustra (griechisch Zoroastres, er lebte wahrscheinlich im 7. Jahrhundert v. Chr.) als oberstes gutes Prinzip die Welt regiert und sich in beständigem Kampfe mit den dunklen, bösen Mächten, verkörpert durch Ahriman, durchsetzen muß. Der Dualismus gehört also zu seinen Wesenselementen. Die kosmische Dimension, die Mithras an den Himmel, die Sonne und das Feuer bindet, besitzt er auch in den indischen Veden (den religiösen Schriften Indiens des frühen Ersten Jahrtausend), wo er als Helfer der Himmelsgöttin Veruna auftritt. Dem Verbinder und Mittler zwischen Hell und Dunkel, zwischen Himmel und Erde, zwischen Gut und Böse sind Symbole und Zeichen zugeordnet, die dieses Spannungsverhältnis optisch sichtbar machen: Das reinigende Feuer, das auf Sonne, Himmel und Helligkeit verweist; der Hahn, der den Morgen und das Licht ankündigt; die Schlange, welche als chthonisches Zeichen die dunkle Erde und das Wasser vertritt. All dies sind bildliche und zugleich sachliche Elemente, die sich bis in die römische Zeit hinein halten.

Das religiöse Substrat, das sich aus der bruchstückhaften altiranischen und altindischen Überlieferung mit einiger Mühe halbwegs stimmig zusammenfügen läßt, erhält im gesellschaftlichen Kontext des Perserreiches besondere Konturen. Hier waren es die altiranischen Männerbünde, die Mithras als Schwur- und Schutzgott für sich in Anspruch nahmen, die ihn als großen Jager und edlen, hochgesinnten Krieger verehrten, den Gerechtigkeit, Tapferkeit und Edelmut auszeichnen. In dieser Eigenschaft konnte der Gott zum Vorbild der achämenidischen Könige, zum Leitbild des Königstums schlechthin werden. Zur moralischen Dimension trat im iranisch-persischen Bereich die Mittlerfunktion zwischen Herrscher und Kriegerstand. Mithras verband den König mit den Männern, die für ihn kämpften. Sowohl Artaxerxes II. (405–359 v.Chr.) wie auch sein Nachfolger Artaxerxes III. (359–338 v.Chr.) ließen ihm offizielle Verehrung zukommen. Dareios III., der glücklose persische Großkönig und Widersacher Alexanders des Großen, betete vor der Entscheidungsschlacht bei Gaugamela 331 v.Chr. zur Sonne, zu Mithras und dem heiligen, immerwährenden Feuer und bat um Tapferkeit und göttliche Inspiration für seine militärischen Führer (Curtius Rufus 4,13,12f.). Die bittere Niederlage tat der Nähe des Schutzgottes Mithras zum König wenig Abbruch. Mithridates VI. von Pontus (120–63 v.Chr.), der große Gegner Roms, führte wie seine Vorfahren seinen Namen auf Mithras zurück. In seinem kleinasiatischen Herrschaftsbereich dürfte Mithras eine bedeutsame Rolle als „nationales“ Bollwerk gegen die römische Okkupation gespielt haben. Von hier aus ist er einer Überlieferung zufolge auch nach Rom gelangt. Im benachbarten mittelanatolischen Kommagene stand der Königskult des Antiochos I. (ca. 70–35 v.Chr.) ganz im Zeichen der Verbundenheit mit Mithras, der zum Schutzgott der Dynastie emporstieg und zusammen mit Zeus, Apollo und Herakles den Bestand des Königreiches sichern sollte

All diese indo-iranischen Relikte sind für die spätere Ausformung der eigentlichen Mithras-Mysterien wesentlich: die enge Beziehung zum Himmel, zur Sonne, Mond und Sternen, besonders aber zum Feuer – die kosmische Funktion – die sich in sinnfälligen Bildern zeigt; die Vertrags- und Mittlerfunktion, die ihn zum Inbegriff männlicher Tugenden werden läßt, welche Könige und Kämpfer gleichermaßen auszeichnen. Zu

Oben rechts: Sol/Helios mit der Peitsche, links die Mondgöttin Luna; unten links Cautes, unten rechts Cautopates; Skorpion, Schlange, Hund und Rabe begleiten die Heilstat in der Mitte. In den Seitenstreifen Episoden der Mithraslegende (aus Nersa, Italien, jetzt Rom, Themenmuseum).

diesen wichtigen Elementen tritt als wesentliche rituelle Handlung die Tötung des Stieres, die sogenannte *Tauroktonie*, die in den Mysterien ein zentrales Motiv bilden. Die Tötung des Tieres und das anschließende Mahl ist in frühen Jagdgemeinschaften in aller Regel auch ein gemeinschaftstiftendes Opfer, welches Vorbildcharakter trägt und auf tiefere Zusammenhänge verweist. Die altiranische Mythologie kennt die Stiertötung als Schöpfungsakt. Aus dem Körper des Stieres entstehen die Nutzpflanzen, entsteht die Welt in ihrer bunten Vielfalt. Diese Kosmogonie stellen die späteren Mysterien als ein Werk des Mithras dar, der dadurch Rettung und Heil bewirkt. So liegt ein archaisches Jagdritual in seiner ansprechenden Bildhaftigkeit dem Schöpfungsakt und der Heilstat des Mithras in den späteren Kultfeiern zugrunde.

Man kann nur vermuten, welche Erweiterungen das iranisch-persische Profil des Gottes auf seinem Weg vom Vorderen Orient in den Westen erfahren hat. Seine ursprüngliche Nähe zum Himmel und zur Sonne boten dem griechischen Denken, der Philosophie und der Astrologie, Anlaß, Mithras noch entschiedener als kosmische Gottheit zu begreifen, die mit Helios-Sol vereint im Kreise der Planeten herrscht und zu der die menschliche Seele über mehrere Stufen hinaufsteigt.

Diese griechische Prägung mit ihrer unverkennbaren Nähe zur platonischen Philosophie läßt sich zeitlich nicht genau verorten. Aber es ist unbestreitbar, daß die hellenistisch geprägte Schöpfer- und Heilsgottheit das Zentrum der Mithrasmysterien bildete, die sich im Imperium Romanum vom Ende des 1. Jahrhunderts n. Chr. verstärkt ausbreiteten. Ihre Blüte erreichten sie im 2. und 3. Jahrhundert n. Chr. Auch in diesem Falle waren es wieder die Sklaven, die Händler und vor allem die Soldaten, die den persischen Gott aus dem Osten mitbrachten und für seine Einbürgerung in Rom, in Italien und in den Provinzen verantwortlich waren. So stößt man auf eine eindrucksvolle Präsenz von Mithrasheiligtümern (Mithräen) in den römischen Militärlagern entlang der Donau (Aquincum, Carnuntum), im Einzugsgebiet des Rheines (Köln, Wiesbaden, Heddernheim bei Frankfurt, Straßburg), in Gallien und Britannien, wo Londinium (London) ein bemerkenswertes Mithräum besaß. Reich an Mithrasheiligtümern präsentierte sich die Hafenstadt Ostia und die Kapitale Rom, die aufgrund ihrer Bevölkerungsvielfalt und ihrer guten Kommunikationsmöglichkeiten auch für den Mithraskult einen idealen Nährboden abgaben.

Männer, Soldaten, römische Bürger – diese Spannweite, welche die Analyse der vielen Weihinschriften ergibt, prägte über alle zeitlichen und regionalen Schwankungen hinweg den Kult in der Kaiserzeit. Man hat aus der sozialen Zusammensetzung den Schluß gezogen, daß der Mithras-Kult sich relativ schnell in der römischen Welt etabliert und die normale soziale Ordnung des Kaiserreiches in etwa abgebildet hat (M. Clauss). Freilich wandte sich Mithras in seiner männlich dominierten Prägung nicht an die Frauen, sie waren vom Kult ausgeschlossen. So blieb die Mysterienfeier die Angelegenheit einer religiös fundierten männlichen Bruderschaft, wobei nur ein kleiner Anteil von vielleicht zehn bis zwanzig Prozent Priesterfunktion wahrnahm. Das Gros der Anhänger dürften einfache Gläubige gebildet haben, die in der Überlieferung weitgehend ohne Resonanz bleiben.

Die soziale Streuung besitzt somit ihre Besonderheit im Profil des Kultes, der sich im Kaiserreich zu einer Art Loyalitätsbekenntnis zum Herrscher entwickelte. Vielfach leiteten die Dedikanten, die einen Altar oder eine Statue stifteten, ihre Weihungen an Mithras mit der Formel ein: „Für das Heil und die Unversehrtheit des Kaisers" *(pro salute et incolumitate Augusti)*. Besonders durch seine Gleichsetzung mit dem unbesiegbaren Sonnengott *(Sol invictus)* gewann Mithras seit dem 3. Jahrhundert n. Chr. eine herausgehobene Schutzfunktion für das Reich. *Deus Sol invictus Mithras* galt Diokletian und seinen Mitkaisern als *fautor imperii sui*, als „Begünstiger ihrer Herrschaft" (ILS 659; 307 n. Chr.). Kaiserlichen Funktionären und hohen Offizieren lag, wie die Inschriften zeigen, die Förderung des Kultes ganz besonders am Herzen. Er gab der Verbundenheit mit dem Imperator und seinem Hause einen religiösen Ausdruck. Besonders aber stand das Vorbild Mithras für römische Tugenden, die als ideelle Leitlinien behilflich waren, die Anhänger im sozio-kulturellen System der Zeit zu verankern: Tapferkeit, Frömmigkeit, Gerechtigkeit *(fortitudo, pietas, iustitia)*, die von den Kultanhängern durch Loyalität nach oben und Solidarität untereinander ergänzt wurden. Die ethischen Attitüden des altorientalischen Umfeldes wurden so dem römischen Wertekanon angepaßt. Man hat die ansprechende Vermutung geäußert, daß die Verbreitung des Mithras-Kultes über die Integration hinaus damit auch der sozialen Kontrolle diente (M. Clauss), die sich freilich eher ergab als daß sie beabsichtigt war. Mithras und seine Anhänger bildeten in der Kaiserzeit stabilisierende Faktoren der politischen und sozialen Ordnung.

Politische und soziale Funktionen standen nicht für sich allein. Sie beruhten auf einer einladenden Liturgie und einer ansprechenden Theologie, welche das religiöse Fundament lieferten. Ort der Mysterienfeiern war ein unterirdischer, höhlenartiger Kultraum *(spelaeum)*, ein Abbild des Kosmos, angelegt im dunklen Schoß der Erde, dessen obere Wölbung den Himmel symbolisierte. Üblicherweise gelangte man von einem Vorraum in das eigentliche Kultzentrum, die *cella*, die an ihren Seiten erhöhte Podien als Platz für die Gläubigen besaß. An der Stirnwand befand sich das zentrale Kultbild, das die Tötung des Stieres durch Mithras zeigte, oftmals flankiert durch die Darstellung der übrigen Heilstaten des Gottes. In der Regel stehen die Fackelträger *Cautes* und *Cautopates* als Helfer bereit, die durch Heben bzw. Senken der Fackel Aufgang und Niedergang, Morgen und Abend, Sonne und Mond symbolisieren. Als Himmelszeichen werden diese zuweilen eigens abgebildet. Wie bei einem großen mittelalterlichen Tafelbild wollte die zentrale Heilstat in ihrem mythischen und kosmischen Umfeld von Gläubigen entziffert und zum Kristallisationspunkt frommer Verehrung gemacht werden, in jener Variationsbreite, wie sie die mittelalterlichen Tafelbilder ebenfalls aufweisen (und in ihrer zum Teil verwirrenden Vielfalt den heutigen Betrachter überfordern).

Raum und Ausstattung konzentrierten den Gläubigen auf die zentralen Botschaften des Kultes. Das Kultbild im Wiesbadener Museum (aus Nida, Heddernheim, nördlich von Frankfurt stammend), war drehbar. Der Stiertötung auf der Vorderseite entsprach auf der Rückseite das gemeinsame Festmahl, das Mithras und Sol über dem geopferten Stier einnehmen. Das mythische Abbild des gemeinsamen Mahles zwischen den Gläubigen ließ sich so nach Bedarf in den Vordergrund rücken.

Nebenaltäre an der Frontseite und in den Seitennischen konnten die Ausstattung des relativ kleinen Kultraumes (in der Regel faßte er 20 bis 30 Personen) abrunden; hinzu traten Fresken mit Texten an den Wänden, die alle im Zusammenhang mit dem heiligen Geschehen stehen und als Interpretationshilfen für den Sinn und den Ablauf der Feier hochwillkommen waren. Die spärliche literarische Überlieferung, Inschriften, Monumente und die bildlichen Darstellungen lassen eine religiöse Struktur erkennen, die immer wieder als *das* Muster der Mysterien schlechthin angesehen wurde, aber doch wichtige eigene Züge aufweist. Wie bei anderen Kulten war eine feierliche Aufnahme, eine Initiation, notwendig, auf die sich der Bewerber sorgfältig vorbereiten mußte. Seit kurzem weiß man, daß zur Prüfung auch ein Frage- und Antwortritual gehören konnte, wodurch der Neuling wichtige Grundelemente des Kultes erlernte – eine Art Musterbuch bzw. Katechismus, der leider nur sehr fragmentarisch auf einem Papyrusfetzen aus dem 4. Jahrhundert n.Chr. erhalten ist.

> *Er wird sagen: „Wer ist der Vater?" Sage: „Derjenige der alles erzeugt ..." Er wird sagen: „(Wie?) Wurdest du ein Löwe?" Sage: „Durch die des Vaters" ... Sage: „Trinken und Essen" ... Er wird sagen: ...*
> (Pap. Berolinensis 21196, Z.8–10, Übersetzung W. Brashear)

Der „Katechismus" rekapituliert offensichtlich wesentliche Grundeinsichten des Kultes. Er berührt zum einen dessen hierarchischen Aufbau, der sieben Stufen umfaßte: Rabe *(corax)* – Verlobter *(Nymphus)* – Soldat *(miles)* – Löwe *(leo)* – Perser *(perses)* – Sonnenläufer *(heliodromus)* – Vater *(pater)*. Diese aufsteigende Linie der Weihegrade signalisiert die jeweilige Nähe zum Kultgeschehen und faßt in den oberen Rängen die führende Priesterschaft zusammen, von denen der Vater (*pater*) die oberste Spitze einnimmt, der *summus pontifex* oder *pater patrum*, wie er des öfteren genannt wird. Er besitzt Weisungsbefugnis und fungiert gleichsam als Stellvertreter des Mithras. Die Symbole, die den sieben Weihestufen in den bildlichen Darstellungen zugeordnet sind, bezeugen auch einen Aufstieg über die Planeten zur Sonne und zum Saturn, der mit dem Zeitgott Kronos-Saturn identisch ist.

Das ursprünglich archaische Jagdritual der Stiertötung, welches als Schöpfungs- und Heilstat gedeutet wurde, erhält seine zentrale Position innerhalb eines hierarchischen Aufbaus der Welt. Diese theologische Spekulation, wie sie die Philosophie und Astrologie der Zeit nahelegen, soll auch den Gläubigen den Weg weisen: den Aufstieg der Seele über die verschiedenen Sterne und Himmelszonen bis hin zur obersten Spitze, zur Sonne und zu Saturn, ein Aufstieg zum Göttlichen. Dieses Ziel bildet die regulative Idee des Lebens hier auf Erden.

Einweihungsgrade und allegorische Zuordnungen

Grad	Planetengott	Element	Repräsentation auf den Kultbildern mit dem Stieropfer	Andere Repräsentationen und Symbole
1 *Corax*	Mercur	Luft (Caelus)	Rabe	Heroldstab, Becher, Schildkröte, Leier, Widder
2 *Nymphus*	Venus	Erde (Tellus)	Schlange	Lampe, Bienenpuppe, Taube
3 *Miles*	Mars		Skorpion	Helm, Lanze, einfache persische Mütze
4 *Leo*	Jupiter	Feuer (Vulcanus)	Hund	Löwe, Adler, Feuerschaufel, Donnerkeil, Sistrum, Zypresse
5 *Perses*	Luna	Wasser (Oceanus)	Cautopates (Hesperus)	Akinakes, Sichel, gesenkte Fackel, Eule, Nachtigall, Wasserkrug, Delphin, Dreizack
6 *Heliodromus*	Sol	Licht (Caelus)	Cautes (Lucifer)	Strahlenkreuz, Globus, erhobene Fackel, Peitsche, Hahn, Palme
7 *Pater*	Saturn	(Feuer)	Mithras	Stab, Schale, Krug, Sichel, Steuerruder

(Aus: Merkelbach, Mithras, S. 85)

Wir wissen nicht, wie weit ein derartig anspruchsvolles theologisches Denken, welches die bildliche und literarische Überlieferung nahelegt, verstanden und geglaubt wurde. Den einfachen Soldaten lagen handfestere Botschaften näher: die Einweihung mit ihren verständlichen und sinnstiftenden Vorgängen; Maskierungen, welche den jeweils erreichten Grad darstellten, die Opferfeiern und das anschließende Gemeinschaftsessen, das aus Brot und Wein bestand und das mythische Mahl von Mithras und Sol vergegenwärtigte. Auch im Mithraskult gab es rituelle Formen und sprachliche Formeln, die den profanen Vorgang des Essens und Trinkens auf eine höhere Ebene hoben. Rituelle Vorbereitungen, heilige Trinkgefäße, Segensformeln und Gebete schufen Anteil am Göttlichen und konstituierten eine Gemeinschaft, die aufgrund des intimen Raumes, den das Mithräum bot, ein ausgeprägtes Zusammengehörigkeitsgefühl entwickelt haben dürften. Der unterirdische Kultraum „das Dunkel urseelenhafter Mystik, Mutterschoß und Grab" wie Oswald Spengler derartige Anlagen deutete, war in seiner Begrenztheit Voraussetzung für die heiligen Handlungen. Er war gleichzeitig dafür verantwortlich, daß dem Mithraskult der Zug ins Weite fehlte und er organisatorisch eine „esoterische Vereinigung" (M. Clauss) blieb und sich nicht zu einer umfassenden Kirche entwickelte.

Derartige Begrenzungen können den Stellenwert der Mithrasmysterien in der römischen Kaiserzeit nur zum Teil erklären. Man muß über den Kult und die Organisation hinausschauen auf die religiösen Lehren, so wie sie sich in der nachträglichen Konstruktion darstellen. Diese Theologie ist wegen ihres „unscharfen" Profils nur mit Mühe genauer einzugrenzen, aber vielleicht gerade deshalb so überzeugend gewesen. Männliche Tugenden wurden im Hinblick auf das Vorbild Mithras in besonderer Weise gefordert. Zusätzlich erzählen die Kultbilder von seinem wundersamen Leben und Handeln. Er wird aus dem Felsen geboren, so wie man in uralten Zeiten Feuer aus dem Stein geschlagen hat. Hirten sind bei der Geburt zugegen; kosmische Mächte wie der Himmelsgott Saturn/Kronos und der Wassergott Oceanus (Neptun) umrahmten in hilfreicher

Weise den Vorgang. Dolch und Fackel in den Händen des Neugeborenen wiesen sinnfällig auf seine späteren Heldentaten hin. Andere wichtige Bildmotive bildeten die Jagd und die anschließende Erlegung des Stiers, ferner die Erschließung einer Wasserquelle durch einen Pfeilschuß an den Felsen, das Liebesmahl mit Helios/Sol und zuletzt die Himmelfahrt, die Mithras zusammen mit ihm auf einem Sonnenwagen antrat.

All dies sind Bruchstücke eines *hieros logos*, einer heiligen und verbindlichen Geschichte, welche die Angehörigen auf sich zu beziehen aufgerufen sind. Ein berühmter Vers, aufgemalt auf den Wänden des Mithräums unter St. Prisca in Rom, lautet:

> *Et nos servasti (a)eternali sanguinae fuso*
> *auch uns hast du errettet, indem du das ewige Blut vergossest.*
> (Übersetzung R. Merkelbach)

Die Tötung des Stieres setzt den Stoff frei, welcher der Welt fortwährende Dauer verbürgt und den Mysten Rettung verspricht. Auch sie sind in die Heilstat, die Mithras vollbringt, einbezogen.

Das Problem der möglichen Teilhabe des Mysten am Heilsgeschehen stellt sich mit besonderer Dringlichkeit im Hinblick auf die Himmelfahrt, die Mithras und Sol unternehmen. Dadurch, daß Mithras dem unbesiegten Sonnengott angeglichen, ja mit ihm identisch gesehen wird, gewinnen Vorstellungen der spätantiken Sonnenreligion mit all ihren weitläufigen astrologischen Spekulationen im Mithraskult einen bestimmenden Einfluß. Die Seele als göttlicher Funke steigt vom Himmel über die Planetenzone nach unten, nimmt auf dieser Reise prägende Elemente – sowohl gute wie schlechte – der jeweiligen Sphäre auf, ehe sie nach dem Tod wieder die Reise aufwärts antritt, zum Licht, zur Sonne, zur Vereinigung mit dem Göttlichen in einem fortwährenden Prozeß der inneren Läuterung. Man kann diesen spirituellen Weg, den die menschliche Seele nimmt, mit höchst anspruchsvollen erkenntnistheoretischen Problemen befrachten, und der Spätplatonismus hat sich dieser intellektuellen Herausforderung mit Nachdruck gestellt. Aber der einfache Mysterienkult bot für seine Gläubigen den Vorteil, kompliziertes und schwer nachvollziehbares Gedankengut in faßbare Bilder umzusetzen: eine Einsicht in die Schöpfung der Welt durch den Tod, Teilhabe durch gemeinschaftliches Mahl, der Weg der Läuterung und der Rettung, die man sich in den erhabenen Räumen des obersten Himmels, wo das Göttliche zuhause ist, vorzustellen hat. Mithras/Sol bildete für diese erwünschte Vorstellung das verbürgende Zeichen.

Und doch war dies nur ein Heilsangebot unter mehreren. Andere religiöse Vorstellungen im Imperium Romanum vermischten sich mit dem solaren Mithraskult. Schon im alten Iran gab es enge Beziehungen zum Gott der unendlichen Zeit, Zervan, der in der Gestalt des Kronos/Saturn die Sonnenreligion um die wichtige Perspektive der Zeit erweiterte. Tage, Wochen, Monate, Jahre stehen unter dem Einfluß der Planeten, die gegliederte Zeit erhält durch Kronos/Zervan ihre religiöse Struktur und ihre kosmische Funktion.

Auf diese Weise kontrastiert die Enge des kultischen Raumes auffällig mit einer theologischen Weitläufigkeit, die in der Endphase der Mysterienfrömmigkeit noch zunahm. Der Kaiser Julian, selbst Mithrasanhänger und Erbauer eines Mithräums in seinem Palast am Marmarameer, dichtete 360 n. Chr. einen Hymnus auf Helios den König, in welchem er die theologischen Lehren der Zeit zusammenfaßte: Mithras, der Sonnengott, ist eine Emanation des obersten göttlichen Prinzips, Lenker aller Götter im Reich der Ideen, der seinerseits die Sonne in der materiellen Welt hervorbringt. In diesem Sinne ist er der Schöpfer *(demiurgos)* allen Seins, der die Aufgabe des Mittlers *(mesotes)* zwischen der Sphäre der göttlichen Ideen und der Welt der Materie einnimmt, identisch mit Zeus, Hades, Dionysos und Sarapis, ein umfassender Spender aller Güter, der von seinen Anhängern, besonders von denen, die ein Amt bekleiden, natürliche Freundlichkeit, Selbstbeherrschung, Treue und Frömmigkeit gegenüber den Göttern erwartet. Sein Sohn Asklepios hat als Retter *(sotér)* der Welt die Aufgabe, für Gesundheit und Wohlergehen aller Menschen zu sorgen. Julian schließt seinen Hymnus mit einem Dank und einer Bitte um ein tugendhaftes Leben, um vollendete Einsicht und am Ende, nach seinem Tode, um den eigenen Aufstieg zu Helios.

Geschrieben hat der letzte heidnische Kaiser dieses „umfangreichste Dokument der Sonnentheologie" (M. P. Nilsson) zum Geburtstag des unbesiegten Sonnengottes, dem *dies natalis Solis invicti*, der am 25. Dezember gefeiert wurde. Ohne Zweifel zielte er mit seinen Ausführungen auf den machtvollen christlichen Konkurrenten, zu dem er mit Mithras/Helios das Gegenstück zu liefern beabsichtigte. Wie man eine derartige synkretistische Religiösität, in welcher die verschiedenen Gottheiten nur Namen für die eine oberste göttliche Idee bildeten, konkret praktizieren konnte, zeigt die große Grabinschrift des Vettius Agorius Praetextatus, des führenden Kopfes der heidnischen Senatsaristokratie am Ende des 4. Jahrhunderts n. Chr. (S. 109f.). Er bekleidete herkömmliche römische Priesterämter, war Myste der eleusinischen Mysterien und deren oberster Funktionär, hatte das *taurobolium* (S. 60f.) vollzogen und als *pater patrum* die höchsten Weihen im Mithraskult erhalten. Das Wesen der Gottheit ist vielfältig *(divum numen multiplex)*, wie es in dem Grabgedicht weiter heißt. Mithras und sein Kult waren Teil dieser Vielfalt.

Seit dem Beginn des 4. Jahrhunderts n. Chr. wurde in Rom der 25. Dezember als Datum für das Geburtsfest Jesu in Anspruch genommen. Auch die gesamte pagane Sonnensymbolik verstand man, dem *eigentlichen* Retter und Heiland, wie ihn die Christen sahen, dienstbar zumachen. „Aufgegangen bist du uns, Jesus Christus, als wahre Sonne der Gerechtigkeit, vom Himmel bist du herabgestiegen als Retter des Menschengeschlechtes" heißt es in einer Weihnachtsliturgie des 7. Jahrhunderts n. Chr. (Patrologia Latina 71,227A) zu einer Zeit, als die Mithras-Mysterien kaum mehr bekannt waren. Gleichwohl begegnen wichtige Kultelemente auch im Christentum wieder, eine Kontinuität, die es noch näher zu betrachten gilt (S. 110ff.).

VII. Vielfalt und Gemeinsamkeit

Die religiöse Landschaft im römischen Kaiserreich bildete eine Gemengelage: Verehrung der herkömmlichen griechischen und römischen Götter, Verehrung von Lokalgottheiten, Kaiserkult, Verehrung von Mysteriengottheiten – die Felder waren nicht sauber abgesteckt, sondern gingen vielfach ineinander über. Eine weitverbreitete religiöse Formensprache prägte nicht nur die Religionen im engeren Sinne, sondern drang zunehmend in Philosophie, Kunst und Politik ein. Das macht eine präzise Beschreibung schwierig. Zudem erschöpft die bisherige Übersicht die seinerzeit vorhandenen Mysterienkulte durchaus nicht, der Rahmen soll deshalb um wenige wichtige Beispiele erweitert werden.

In Theben (Mittelgriechenland) und auf der Insel Samothrake vor der thrakischen Küste besaßen die *Kabiren*, die großen Götter (*megaloi theoi)*, Heiligtum und Verehrung. Die heilige Dreiheit bzw. Zweiheit, wahrscheinlich vorgriechischen Ursprungs, konnte unterschiedliche Namen annehmen. Sie standen im Zentrum von Mysterienfeiern, die des Nachts stattfanden. Einweihungen, Stieropfer, Jahresfeste, sakrale Mahlzeiten in Verbindung mit Wein sind überliefert. Es begegnen in aufsteigender Linie einfache Mysten, „Schauende" (*epoptai)* und Priester. Die Mysterien galten vornehmlich einem Ziel: Der ungefährdeten Seefahrt und der Errettung aus Seenot, was später ganz allgemein auf die Errettung „aus dem Sturm des Lebens" ausgedehnt wurde. Dafür „revanchierten" sich die Gläubigen durch Weihgeschenke, die seit dem 5. Jahrhundert v. Chr. bezeugt sind. Die erhaltenen Namenslisten der Eingeweihten belegen ein breites Spektrum der Nationalitäten, zeigen gleichermaßen Männer und Frauen, Freie und Sklaven, Vornehme und einfache Leute als Kultmitglieder.

Das weithin berühmte Heiligtum auf Samothrake erfreute sich der besonderen Gunst der hellenistischen Herrscher: Philipp II. von Makedonien (382–336 v. Chr.) und seine Gattin Olympias, die Mutter des großen Alexander, ließen sich einweihen. Ptolemaios II. (283–246 v. Chr.) errichtete für seine Geschwistergattin Arsinoë im heiligen Bezirk einen großen Rundtempel und eine prächtige Eingangshalle. Dies waren auch Akte einer berechnenden Religionspolitik, welche die Römer fortsetzten, besonders nachdem das angrenzende Makedonien 148 v. Chr. römische Provinz wurde. Viele Statthalter förderten den Kult, stifteten Statuen und machten Schenkungen, die dem Heiligtum zu einem ansehnlichen Reichtum verhalfen (angeblich fielen Seeräubern im Jahre 84 v. Chr. 6 Mio. Denare in die Hände). Erst gegen Ende des 4. Jahrhunderts n. Chr. ging das Kabirenheiligtum unter.

Insgesamt nahm die Mysterienfrömmigkeit in der römischen Kaiserzeit zu und drückte auch herkömmlichen Gottheiten ihren Stempel auf. Dies gilt in besonderem Maße für *Hekate*, die dreigestaltige (*triformis*) Göttin der Unterwelt, mächtige Zauberin und Herrin der Dämonen, welche die Gestalt der Mondgöttin Selene, der Artemis und der Persephone/Isis annehmen konnte. Man vertraute sich ihrem mächtigen Wirken an, wenn es darum ging, mit Hilfe magischer Praktiken anderen zu schaden, oder wenn man geliebte Personen an sich binden wollte. Diese allgegenwärtige Zauberfunktion schloß nicht aus, daß sie auf der griechischen Insel Ägina und im karischen Stratonikeia (Westtürkei) besondere Verehrung genoß. In ähnlicher Form gewannen Gottheiten wie Zeus, Hera, Artemis und Apollo besonders in Kleinasien Mysterienzüge. Neue Kultlegenden ergänzten die traditionellen Mythen; es entstanden Kultvereine, welche ein eigenes Vereinsleben ausbildeten sowie städtische Feste und Spiele organisierten. In den östlichen Provinzen des Reiches haben derartige Vereinigungen von Mysten eine bedeutende gesellschaftliche Rolle im Zusammenhang mit dem Kaiserkult gespielt.

Wie Mysterienfeiern an einen bestehenden Kult angehängt werden konnten, beweist der „Religionsstifter" *Alexander von Abunoteichos* (an der Südküste des Schwarzen Meeres in der nördlichen Türkei gelegen), der im 2. Jahrhundert n. Chr. die Verehrung einer lokalen Schlangengottheit zu einer berühmten und einträglichen Orakelstätte „weiterentwickelte" und diese analog zu den Feiern in Eleusis mit einem dreitägigen Mysterienfest verband. Geschickt wußte Alexander traditionelle Mysterienelemente einzubauen und vorzuführen (Lukian, Alexander, 38–40): Die wunderbare Geburt Apollons und des Asklepios, auf welche das Orakelwesen und die Heilkunst zurückgehen, standen am Beginn; sodann folgte die Erscheinung (*epiphania*) des Gottessohnes Glykon; den Abschluß bildete die heilige Hochzeit (*hieros gamos*) zwischen dem Religionsstifter Alexander und der Mondgöttin Selene (dargestellt von der schönen Gattin eines kaiserlichen Prokurators). So wurde ein neugeschaffener Mythos in rituelle Handlung umgesetzt, umrahmt durch religiöse Zeremonien, wie sie im Mysterienkult üblich waren: die Scheidung von Nichteingeweihten und Eingeweihten bzw. Einweihungswilligen am Anfang, die Verwendung von Fackeln und das Spiel mit Licht und Dunkel, das Anlegen besonderer Gewänder, das Zeigen heiliger Gegenstände durch einen eigenen Hierophanten (S. 19), Gebete, Tanz und Gesänge, welche die Gläubigen einbinden und sie „teilhaft" werden lassen (S. 106f.). Der Bericht des Sophisten und Satirikers Lukian, der auf Entlarvung des „Schwindlers" Alexander zielt, bezeugt ungewollt ein religiöses Empfinden und eine Mysteriensprache, die weit verbreitet war und von den Zeitgenossen verstanden wurde. Es ist nicht abwegig, von einem allgemeinen „Mysteriensog" zu sprechen, der auch zu einer vertieften Begegnung mit den traditionellen Gottheiten führte und hinter dem ein gewandeltes religiöses Bedürfnis der Zeit stand.

Vielfalt, individuelle Eigenheiten und fließende Übergänge erschweren den Versuch, für die antiken Mysterienkulte einen allgemeinen und verbindlichen Nenner zu finden. Die Konstruktion einer umfassenden Mysterientheologie, deren Grundzüge sich in allen Kulten wiederfinden, hat deshalb im Rahmen der herkömmlichen Religionsgeschichte wenig Anklang gefunden. Trotzdem sind, wie die Einzelbeispiele zeigen, gemeinsame Merkmale unübersehbar. Sie lassen sich zu einem Idealtypus, wie ihn Max Weber (S. 12) gefordert und in seiner Religionssoziologie zum Teil eingelöst hat, sehr wohl zusammenfügen. Man muß sich dabei vor Augen halten, daß sich mit dem Idealtypus „Mysterienkult" kein genaues Abbild der Realität liefern läßt. Vielmehr werden einzelne Phänomene zu einem stimmigen, „widerspruchsfreien" Gesamtbild gesteigert. Auf diese Weise gewinnt man eine begriffliche Meßlatte, eine „virtuelle Matrix", wie man heute sagen könnte, die dem Verständnis der unendlichen Vielfalt von Erscheinungen die Richtung weisen kann und die Festellung von Abweichungen und Übereinstimmungen erlaubt.

Weber hat das von ihm praktizierte Verfahren auch auf unseren Gegenstand angewandt. Er sah in den „vorderasiatischen Erlösungsreligionen", welche die Mysterienkulte mit einschließen, eine Folgeerscheinung der Abkehr von der politischen Betätigung des antiken Bürgers. Indem er also die „Erlösungsreligiösität" als eine Art Kompensation für das erstorbene politische Interesse deutete, bot er einen idealtypischen Deutungszusammenhang an, den es noch genauer zu betrachten gilt. Wendet man dieses abstrahierende Verfahren auf die Mysterienkulte an, wird eine Art Grundmuster mit spezifischen Merkmalen sichtbar, das auch die wichtigen Unterschiede hervortreten läßt.

1. Arkandisziplin und geheimer Charakter

Die Kategorie „Geheim" spielt bei den Mysterien in mehrfacher Hinsicht eine Rolle. Die religiöse Botschaft, die vermittelt wird, ist ein *mysterion* und richtet sich an einen Kreis von eingeweihten Anhängern. Auch der Großteil der rituellen Handlungen unterliegt der Geheimhaltung, auf welche die Gläubigen förmlich verpflichtet werden. Überlieferte Mysterieneide lassen die Einschärfung und Strenge des Gebotes deutlich erkennen. Eine Verpflichtung der Isismysten, erhalten auf einem Papyrus des 3. Jahrhunderts n. Chr., lautet folgendermaßen:

> *„Im Namen des Gottes, der die Erde vom Himmel geschieden hat, das Licht von der Finsternis, den Tag von der Nacht, die Welt vom Chaos, das Leben vom Tod und das Werden vom Vergehen, schwöre ich nach bestem Wissen und Gewissen, die Mysterien geheim zu halten, die mir*

anvertraut werden durch unseren gottesfürchtigen Vater Serapion und den ehrwürdigen und heiligen Herold Ka(merion?), denen die Weihen obliegen, und durch meine miteingeweihten und sehr teuren Brüder. Treu meinem Eid hoffe ich, daß es mir wohlergehe; aber ich schwöre auch, daß mich Strafe treffen möge, wenn ich zum Verräter werde."
(Übersetzung nach M. J. Vermaseren)

Der Eid (lateinisch *sacramentum*) galt als Gelöbnis und Treueschwur, umschloß also auch die Inhalte des Kultes. Unterstrichen wurde die strikte Trennung von *Drinnen* und *Draußen* durch Kulträume, die nur den Anhängern zugänglich sind. Diese trugen im Bewußtsein ihrer Auserwähltheit zuweilen besondere Kleidung und waren durch spezifische Kennzeichen von den übrigen Menschen unterschieden, wie dies etwa bei den Isispriestern mit ihrem kahlgeschorenen Kopf der Fall war. All dies vermochte eine eigene Identität, ein „Wir-Gefühl" schaffen, welches esoterische Züge annehmen konnte. Dabei waren die Grenzen des geheimen Kernes fließend. Das Geheime stand in einem notwendigen Spannungsverhältnis zu den Dingen, von denen die Anhänger selbst (etwa auf Inschriften) berichteten oder die allgemein bekannt waren und Eingang in die Literatur fanden. Aber der Nimbus „Geheim" blieb trotz aller Profanierung Markenzeichen und Attraktion der Kulte.

2. Gottheiten und Mythen

Göttliche Personen stehen im Mittelpunkt des Kultes, dies ist eine Selbstverständlichkeit. Ihr Profil weist den heiligen Handlungen die Richtung. Daß sie ihrer Herkunft nach in ihrer überwiegenden Zahl Vegetationsgötter waren und sich an ihrer Person Fruchtbarkeitsriten festmachten, welche die blühende Natur und ihre Gaben vergegenwärtigten, sicherte ihnen auch nach zum Teil erheblichen Umdeutungen einen wichtigen, „erdhaften" Grundton, der die rituellen Handlungen bestimmte: Demeter und das Getreide, Kybele – ihr untergeordnet Attis – und die wilde, von hohen Bäumen, Steinfelsen und Tieren geprägte Berglandschaft; Dionysos, der in einer engen Verbindung zum Wein, zum Aufblühen der Natur im Frühjahr, zur Fruchtbarkeit und zum Tod steht, eine Doppelnatur, wie sie auch Isis und Osiris aufweisen – diese Erfahrungen und Einsichten prägen die Gottesverehrung wahrscheinlich schon in den Ursprungsgebieten des Vorderen Orients, in Griechenland und Ägypten. Der naturhafte Ursprung erweist sich als wichtige Ausgangsbasis für die Entwicklung von Kulten, die das Naturgeschehen für die Menschen früher Gesellschaften als göttlich erfahrbar machten. Der Zusammenhang mit dem vegetativen Aufblühen und Vergehen in der Natur mag dazu beigetragen haben, die Vorstellung vom „leidenden Gott" weiter zu entwickeln, der in ganz persönlicher Weise Qualen, Schmerzen und den Tod erfährt. Persephone/Kore wird durch Hades in der Unterwelt festgehalten; Osiris im Nil ertränkt und anschließend zerstückelt; Attis entmannt sich und findet unter einer Fichte den Tod. Dionysos wird von Titanen zerrissen. Selbst in der Stiertötung durch Mithras ist die Todesdimension vorhanden.

Nun sind diese bewegenden Schicksale nicht von Beginn an greifbar, sondern sie werden durch Erzählungen, *hieroi logoi*, gestaltet, ausgeschmückt und erweitert. Dadurch erfährt die göttliche Botschaft in den Mysterienfeiern eine *Entwicklung*, der Mythos wird geschichtlich. So bilden Lesungen, *legomena*, neben den heiligen Handlungen ein weiteres Element der Kultfeier, in denen das Mysteriengeschehen vergegenwärtigt wird. Man kann davon ausgehen, daß die Grundelemente der Öffentlichkeit sehr wohl bekannt waren. Der Demeterhymnus (S. 21 f.) reflektiert den Getreidekult in Eleusis auf einer frühen Stufe; er zeigt mit großer Deutlichkeit, wie die Mythenerzählung im nachhinein rituelle Handlungen begründet: die trauernde Demeter weist auf ihrer Wanderung den roten Wein zurück und trinkt stattdessen „Gerste und Wasser mit zarter Minze" gemischt (Hom. Dem. 208 f.), das *Kykeon*, wie es der Myste später ebenfalls zu sich nimmt und wie es einem Getreidekult entspricht. Auch die führende Rolle der Eumolpiden im Kult von Eleusis (S. 22) wird durch den Mythos verständlich gemacht: sie waren am ursprünglichen heiligen

Geschehen beteiligt. Dieser begründende, aitiologische Charakter der Mythenerzählung macht nicht nur wahrscheinlich, daß die rituelle Handlung das ursprüngliche ist, dem die Erklärung in Begriffen und Worten folgt. Er legt darüber hinaus nahe, daß die Deutung, welche der Mythos beabsichtigt, sich mit dem kultischen Umfeld und den Adressaten wandeln konnte. Im Demeterhymnus, der bereits eine hohe literarische und künstlerische Form aufweist, schimmert noch echte und naive Frömmigkeit durch, wie sie in einer frühen, auf Landwirtschaft beruhenden Stadtkultur verständlich ist. Der Komödiendichter Aristophanes spielt bereits am Ende des 5. Jahrhunderts v. Chr. mit Mysterienelementen des Demeterkultes, wenn er in seiner Komödie „Die Frösche" ein Zwiegespräch zwischen Dionysos und seinem Sklaven Xanthias folgendermaßen auf die Bühne bringt:

Xanthias, leise: *„Persephone, du Heilige, Benedeite*
wie mystisch duftet hier das Schweinefleisch"
Dionysos, ebenso: *„Sei still", dann kriegst*
du auch vielleicht ein Würstchen!"
(Aristophanes, Frösche 337–339, Übersetzung L. Seeger)

Für den kaiserzeitlichen Autor Plutarch (S. 45) birgt der Isis- und Osirismythos eine symbolische Welterklärung, die der Philosoph entschlüsseln kann: Gut und Böse, Materie und befruchtender, göttlicher Logos, die Sterne als Götter und Dämonen, die Zahlen als mystische Zeichen, die Tiere als beseelte göttliche Wesenheiten – der Mythos erschließt in vielfältigen Formen die philosophischen und astrologischen Einsichten in das Wesen der Welt und der Zeit. Derartige allegorische Interpretationen des Mysteriengeschehens herrschen in der Spätantike vor. Sie können verdeutlichen, was der Mythos in dieser neuen Umgebung leistet: Er übersetzt das heilige Geschehen in die Sprache der Zeit und bildet so ein Kommunikationselement, das Verständigung über heilige Dinge herstellt. Diesem Zweck dienen Autoren wie der Neuplatoniker Jamblichos (ca. 250 bis ca. 325 n. Chr.), dessen Schrift „Über die Mysterien der Ägypter" die alten Göttererzählungen in eine Entzifferung der Welt und ihres Aufbaus umdeutet, ebenso wie der Kaiser Julian (S. 80) oder dessen philosophischer Berater Sallustius. Er weiß in seiner Schrift „Von den Göttern und der Welt“, eine Art „neuplatonischer Katechismus“ (M. P. Nilsson), Auskunft über elementare Probleme des Kosmos zu geben. In diesem Zusammenhang besitzt die Deutung des Mythos durchaus produktiven Charakter. Sein Gehalt wird den jeweiligen Bedürfnissen angepaßt. Gleichzeitig verdeckt die philosophische Interpretation den archaischen Sinn, der für die Zeitgenossen der Spätantike kaum mehr kenntlich war.

3. Initiation und Gottesdienst

Die Einweihung ist der zentrale Akt, welcher das Drinnen und das Draußen scheidet, die Schwelle, die der Einweihungswillige überschreiten muß, um seinen bisherigen Zustand hinter sich zu lassen. So wird er zu einem neuen Menschen, einem *Neophytos*. Einweihungs- und Aufnahmerituale kennen nicht nur religiöse Gemeinschaften in Vergangenheit und Gegenwart, sie spielen überall dort eine wesentliche Rolle, wo mehr oder minder geschlossene Gesellschaften die Weitergabe ihrer Erfahrungen und Kenntnisse an Prüfungen mit rituellen Praktiken knüpfen: archaische Stammesverbände, Studentenverbindungen, esoterische Bruderschaften und spezifische Berufsvereinigungen, welche bis in die jüngste Zeit hinein rituelle Aufnahmen kennen. Die einzelnen Mysterienkulte verfügten über ein reichhaltiges Arsenal besonderer Initiationselemente, die sich allesamt in einen Gesamtzusammenhang einordnen lassen. Am Beginn stehen vielfach körperliche Vorbereitungen (Fasten, sexuelle Enthaltsamkeit), Gebete und Einüben von Glaubensformeln, wie wir sie im Mithraskult kennengelernt haben (S. 75). Es folgen einzelne, bedeutsame Schritte wie etwa das Verbinden der Augen, das Durchschreiten dunkler und gefährlicher Wegstrecken, Fesselungen, Schläge, Geißelungen, Verwundungen bis hin zum symbolischen Tod durch Niederlegen oder Hinabsteigen in eine Grube. „Es geht darum, die bestehende Persönlichkeitsstruktur aufzubrechen, sie für Neues dauerhaft empfänglich zu machen" (W. Burkert). Die bewegende Geißelung einer jungen Frau auf dem Dionysosfries der Villa dei Misteri in Pompeji (S. 35) gehört offensichtlich ebenso in diesen Kontext, wie mehrere Einweihungsszenen aus dem Mithräum in Capua (Unteritalien), die den beschwerlichen Weg des Mysten in eindrucksvollen Bildern festhalten.

Auf seine Einweihung in die Isismysterien bereitet sich Lucius (S. 52) sorgfältig vor. In ihrem Verlauf gelangt er bis „an die Grenzen des Todes", ehe er das leuchtende Licht der Sonne und die Götter schaut, die ihm gezeigt werden. Auch sexuelle Praktiken (die Vereinigung mit der Gottheit als Aufnahmeakt) haben hier ihren Platz ebenso wie das Zeigen heiliger, „unaussprechlicher Gegenstände". Stärkste emotionale Erlebnisse, die von der Priesterschaft unter Ausnutzung aller technischen Möglichkeiten ins Werk gesetzt werden, markieren also den Übergang, dem vielfach symbolische Investituren und Belehnungen folgen. Diese versinnbildlichen nach Irrfahrten und Grauen die Ankunft in den lichten Gefilden heiterer Glückseligkeit, welche die Mysterien bieten. Der „neugeborene" Lucius tritt in einem leinenen Gewande mit zwölf Stolen (eine Art farbiger Schärpe) an die Öffentlichkeit. Der Mithraskult kennt die Ausstattung mit einem Schwert und die Bekränzung, gleichsam eine Art Investitur, die in unterschiedlicher Form erfolgen konnte. Den Strahlenkranz erhielt der Heliodromus (S. 76), der in besonderer Weise der Sonne zugeordnet war. Auch konnten körperliche Zeichen wie das Abschneiden der Haare oder Tätowierungen den neuen Menschen kennzeichnen und damit seine religiöse Heimat dokumentieren. Der Gottheit geweiht (*sacratus* bzw. *sacrata*, vgl. etwa ILS 4211, 4438) – das ist ein religiöses Gütesiegel, das auch sichtbar nach außen getragen wird.

Initiationszeremonien und „normale" Gottesdienste sind im einzelnen schwer auseinanderzuhalten. Die Dreiheit von rituellen Handlungen, Präsentation und Lesungen spielt hier wie dort eine wesentliche Rolle. Sie werden in den einzelnen Kulten unterschiedlich realisiert. Im Anaktoron, dem Mysteriensaal von Eleusis (S. 19f.), ruft unter Ausnutzung von Dunkel und Licht, von Rauch und Feuer, der Hierophant mit Hilfe eines Gonges die Kore-Persephone aus der Erde hervor, und der Myste „antwortet" auf das Gezeigte in frommer, schweigender Schau. Vom Schauen und Anbeten der Gottheiten spricht auch Lucius anläßlich seiner Einweihung in die Isismysterien. Weit über die Mysterienkulte hinaus binden kultische Mahlzeiten, denen in der Regel eine Reinigung vorausgeht, die Gläubigen in das Heilsgeschehen ein. Ganz zentral erscheint das gemeinsame Mahl im Mithraskult. In den eleusinischen Mysterien wird der Trunk des *Kykeon* (S. 87) an das göttliche Vorbild Demeter geknüpft. Essen aus dem Tympanon und Trinken aus der Zymbel gehören zu den Einweihungszeremonien im Kybele- und Attiskult (S. 63 f.). Die Nahrungsmittel werden dadurch, daß sie in besonderer Weise zubereitet, in besonderen Gefäßen gereicht und mit ihnen hantiert wird, gleichsam kultisch „aufgeladen" und in einen anderen Aggregatzustand überführt. Wie überhaupt das bewußte Hantieren normale Gegenstände zu besonderen Kultspezifika macht: Das Wiegen der Getreideschwinge (S. 36), das Umwickeln eines Fichtenstammes (S. 62), das Zerschlagen und wieder Zusammenfügen von Statuetten, wie es im Isis- und Osiriskult vorkommt. Es sind Analogievorgänge, in denen der Mensch Tun und Erleiden der Gottheit nachvollziehen will, „dramatische Vergegenwärtigungen" (D. Zeller) des mythischen Geschehens, in das sich der Initiand handelnd und erleidend einfügt.

Unterstützt und verständlich gemacht werden diese Handlungen, wie sie hier beispielhaft genannt wurden, durch Lesungen, die in ganz verschiedener Weise in den Gesamtablauf eingebettet sind. Suchen, Wehklagen und Wiederfinden gewinnen innerhalb des Isis- und Osirismysteriums auch ihren sprachlichen Ausdruck. Gebete und Hymnen an die große Allgöttin Isis (S. 45 f.) wie an Demeter dürften ihren Platz auch im Gottesdienst besessen haben, wie ganz allgemein fromme Rekurse auf den Mythos und die *hieroi logoi*. Die Texte, die auf uns gekommen sind, besitzen in aller Regel eine große Überzeugungskraft und sind von hoher sprachlicher Schönheit, die auf diese Weise die heiligen Handlungen unterstützen.

Einprägsame Spruchweisheiten an den Wänden des Mithräum unter St. Prisca in Rom verhelfen dem Mithrasanhänger zu wichtigen Erkenntnissen und versuchen, ihn zu sittlichem Handeln anzuleiten. Derartige Instruktionen haben besonders die jeweiligen Einweihungen bestimmt, wie die Interpretation eines Papyrus aus Berlin (S. 75) jüngst eindrucksvoll nachgewiesen hat. Man darf davon ausgehen, daß Priestern heilige Bücher bzw. Buchrollen zur Verfügung standen, die nur ihnen zugänglich waren und die Beschreibung der wesentlichen Kultelemente enthielten. Ptolemaios IV. versuchte um 200 v. Chr. durch einen besonderen Erlaß, an die *hieroi logoi* der Dionysosmysterien heranzukommen (S. 31). Neben dieser schriftlichen ist selbstverständlich mit einer reichen mündlichen Tradition zu rechnen.

Man muß diese unzweifelhafte Bedeutung des *Wortes*, der verbalen Instruktion und Belehrung, die ihren Niederschlag in schriftlicher Form gefunden hat, abheben von der nachträglichen philosophischen Deutung, die den kultischen Vorgang im Denken überhöht und zugleich rational einebnet. Das Mysterium wird in ein allgemeines Weltverständnis „übersetzt". Mithras/Helios avanciert bei Julian zum obersten kosmischen Prinzip in einer hierarchisch gegliederten Welt. Diese Theologisierung bildet eine Spätform und stellt einen Vorgang dar, der unterschiedliche Seiten besitzt: Verlust des religiösen Gehaltes auf der einen, religiöse Weltdeutung auf der anderen Seite, Entleerung des Mysteriums zu einer Allerweltsweisheit, aber auch wiederum Gewinn einer neuen, erlebnishaften Tiefendimension, wenn der Begriff Mysterium auf ganz normale Tätigkeitsbereiche (S. 8) angewandt wird. Alle diese Phänomene lassen sich eher als eine Spät-, weniger als Verfallsform begreifen.

Nimmt man die Wesenselemente zusammen, so gehören die Mysterienkulte aufs ganze gesehen nicht zum Typus der Buchreligion, wie ihn der Islam, das Judentum und das Christentum, wenn auch in unterschiedlicher Weise, verkörpern. Diese stützen sich auf göttlich inspirierte Texte, deren Fixierung und Kanonisierung Grundlagen der religiösen Praxis bilden. Dagegen stehen in den Mysterienkulten die rituellen Handlungen im Vordergrund, Worte und Lesungen besitzen lediglich unterstützenden Charakter.

4. Differenzierte Glaubensgemeinschaft

Die Anhängerschaft der Mysterien weist bedeutende Unterschiede auf. Das ist angesichts ihres Ursprungs und ihrer langen Entwicklung in einer Weise normal, daß die Frage, was die Gläubigen denn in sozialer Hinsicht einigen könnte, auf den ersten Blick abwegig erscheint. Dem läßt sich entgegenhalten, daß sich die Kulte als Alternativen zur offiziellen Polisreligion, der Religion der griechischen Stadtstaaten, in erster Linie an Randgruppen und an Fremde wandten; es ist durchaus zutreffend, daß Sklaven, Freigelassene, Frauen, Händler und kleine Gewerbetreibende zu bestimmten Zeiten und in bestimmten Kulten besonders zahlreich vertreten waren, also alle diejenigen, die – in moderner Terminologie – als *Nichtprivilegierte* gelten.

Aber ein derartiges soziales Spektrum läßt sich keineswegs überall nachweisen. Im Demeterkult zu Eleusis spielten griechische Adelsfamilien, später römische Aristokraten eine führende Rolle; in den Städten der römischen Kaiserzeit waren die Mysterienanhänger zum Teil sehr geachtete und einflußreiche Mitbürger. Vom Mithraskult in der Kaiserzeit hat man behauptet, daß er in seiner Zusammensetzung im gewissen Sinne die Sozialstruktur der Zeit in ihrer hierarchischen Ordnung widerspiegelt (S. 73f.). Mysterienkulte decken also ein weites gesellschaftliches Feld ab, das sich im Zusammenhang mit der öffentlichen Anerkennung der Kulte verändert.

Aber im Hinblick auf die soziale Differenzierung ist eine andere, interne Gliederung mindestens ebenso wichtig. Sie kehrt nahezu in allen Kulten wieder und läßt in gewisser Weise die soziale Hierarchie, wie sie in der Antike die Regel war, im religiösen Bereich wiederaufleben. An erster Stelle stehen die Priester, eine pontifikale „Kerntruppe“, welche die Einweihungen und heiligen Handlungen vornimmt und die regionale Leitung der Kulte innehat. Oft, nicht immer, existiert ein Oberpriester, ein summus pontifex (Mithras), ein Archigallus (Kybele/Attis) oder Hierophantes (Demeter), deren Kompetenz freilich über die jeweilige Gemeinde nicht hinausgeht. Agrippinilla (S. 37), die Oberpriesterin einer dionysischen Mysterienvereinigung, gebietet, wie eine große Inschrift bezeugt, über sieben Priester und zwei Priesterinnen.

Ein reiches Kultpersonal teilt sich sodann die vielfältigen Aufgaben, welche für den Gottesdienst, die Feiern und Prozessionen nötig sind. *Phoroi*, männliche (und weibliche) Personen, sind in überreichem Maße vertreten, welche die im Kult verwendeten Gegenstände tragen: Tiere, Fackeln, Behälter mit geheimnisvollem Inhalt, Blumen, Girlanden und vieles andere mehr. Darüber hinaus begegnen Musiker, Tänzer, Träger von Göttermasken, Vorleser und Tempeldiener. So wichtig diese Aufgaben für den Vollzug des Kultes sind, so schwierig ist es, ihre Funktion einzuordnen und diese abzugrenzen gegenüber den Aufgaben der Priester im engeren Sinne. Eine Art „Laufbahn", dem Aufstieg in der römischen Staatsverwaltung (*cursus honorum*) vergleichbar, hat der Mithraskult ausgebildet (S. 76f.) und die einzelnen Stufen wohl auch an besondere Weihezeremonien geknüpft. Ansonsten herrscht, ausgerichtet auf den jeweiligen Kult, eine bunte Vielfalt von Aufgaben und Bezeichnungen vor, die keinem gemeinsamen Grundmuster entsprechen.

Die Folgerung aus diesem Befund ist für den institutionellen Charakter der Mysterienkulte wesentlich: sie sind eben nicht nach Art einer politischen Verwaltung „durchorganisiert". Sie besitzen zwar kontinuierlich anfallende Aufgaben; aber es ist durchaus nicht so, daß diese immer wieder von den gleichen Personen übernommen werden; anders gesagt: Die Funktionen ziehen keine „Berufe" nach sich. Die Professionalität scheint sich auf die oberen Ränge, die Priester, beschränkt zu haben.

Die einfachen Gläubigen, die Mysten, haben das Gros der Anhänger gebildet. Man hat sie auf bis zu 75 % geschätzt. Den Kulten zugeordnet sind die bereits erwähnten Mysterienvereine, welche die Verbindung zum jeweiligen Gemeinwesen durch öffentliche Feiern und Prozessionen schaffen. Besonders die dionysisch-orphischen Mystenvereine besaßen im kaiserzeitlichen Kleinasien einen hohen Rang und waren wegen ihrer farbenprächtigen Aufzüge sehr beliebt. Aufnahmemodalitäten, Verfahrensweisen und Aufgaben werden zum Teil durch Vereinsstatuten festgelegt. Das Vereinsgesetz der *Iobakchen* in Athen (179 n. Chr., S. 31) legt zum Beispiel das Eintrittssalär fest (50 Denare und eine Weinspende), schreibt vor, wie man sich auf der Vereinsversammlung (*ekklesía*) zu benehmen hat und bestimmt die Höhe der Strafen bei Unbotmäßigkeit. Wer zum Beispiel ohne Erlaubnis des Priesters oder seines Stellvertreters das Wort ergreift, muß 30 Silberdrachmen an die Vereinskasse (*tò koinón*) zahlen.

> *„Jeder erfülle die ihm zustehende Pflicht: Der Priester, sein Stellvertreter, der Archibakchos, der Schatzmeister, der Bukolikos (Tänzer), Dionysos, Kore, Palaimon, Aphrodite und Proteurythmos. Die Rolle der letzteren sollen (abwechselnd) an alle durch das Los verteilt werden"* (Sylloge 1109, Z. 61–66, Übersetzung G. Haufe).

Die Aufgabe, bestimmte Gottheiten in Maskierungen und Aufzügen darzustellen, wird also bewußt breit gestreut. Bis hin zu den Begräbnisformalitäten regelt dieser attische Dionysosverein die Formen bürgerlicher Geselligkeit unter ihrem Schutzpatron Dionysos/Bacchus, eine Art antiker Weinbruderschaft in religiösem Gewande. Sie macht die Einschmelzung des außergewöhnlichen religiösen Ereignisses in eine städtische Gesellschaft, ein Vorgang, den Max Weber (S. 12) „Veralltäglichung des Charisma" genannt hat, in besonderer Weise sichtbar.

5. Kultzentren

Die Anhänger der meisten Mysterienkulte bauten regionale Kultzentren, Tempel und Heiligtümer, aus. Natürlich begegnen in der römischen Kaiserzeit auch die Wanderpriester, welche das Götterbild mit sich führen und gleichsam ambulant den Kult vollziehen, so wie es nach Apuleius die ekstatischen

Anhänger der Dea Syria taten. Aber lokale Verankerung im Tempel bzw. in der Tempelanlage herrscht doch vor. Das gilt für die Dea Syria in Hierapolis, für die Demeter und ihr Heiligtum in Eleusis, für Isis, Kybele und Mithras, deren Heiligtümer sich auch zu religiösen Zentren in der jeweiligen Stadt entwickeln konnten. Sie bildeten die Anlaufstellen und den Kristallisationspunkt für die Gemeinde, deren Mitglieder für den Bau, die Erhaltung und Ausstattung sorgten. Eine im Jahre 1992 aufgefundene Bronzetafel aus Virunum (Kärnten, Österreich) listet 98 Personen auf, offensichtlich das Verzeichnis der örtlichen Kultanhänger um etwa 200 n. Chr. Sie hält die Restaurierung des durch Naturgewalt zerstörten Mithräums aus eigenen Mitteln (*impendio suo*) fest, berichtet ferner von einer gemeinsamen Totenfeier und erwähnt eigens die Ausstattung des Tempelgewölbes mit Malereien und die Stiftung der Bronzetafel durch das reiche Gemeindemitglied Tiberius Claudius Quintilianus (vgl. G. Piccottini).

Die Mysterienstätten verfügen nicht nur über spezifische Anlagen mit zentralem Heiligtum und weiteren Anbauten, die, wie im Falle des griechischen Eleusis, des syrischen Hierapolis oder des Isistempels zu Pompeji, bedeutend sein können. Sie dienen als Versammlungsstätte bei Totenfeiern, Gottesdiensten und Andachten, wie sie in besonderer Weise der Isiskult kennt. Die Heiligtümer verdanken ihre Existenz und ihre Ausstattung dem wirtschaftlichen Vermögen ihrer Mitglieder und den Spenden reicher, oft auswärtiger Gönner, die der Gottheit ihre Referenz erweisen und sie geneigt machen wollen. All diese sinnfälligen und dokumentierten Leistungen verschaffen Ansehen und Etablierung im städtischen Ambiente und bilden neben der gesellschaftlichen die lokale Dimension der „Verbürgerlichung", welche die Mysterienkulte in der römischen Kaiserzeit durchlaufen.

6. Jenseitserwartungen und Lebenshaltung

Mysterienkulte stellen ihren Anhängern individuelle Erlösung in Aussicht, ein Heil, Rettung und Seligkeit des Einzelnen, wie dies die traditionellen antiken Religionen nicht gekannt haben. Darin liegt ihre besondere Anziehungskraft. *„Dreimal selig sind jene Sterblichen, die nach der Schau dieser Weihen in den Hades hinabsteigen. Ihnen allein ist dort Leben beschieden, allen anderen aber widerfährt dort Übles"*, so formuliert der Dramatiker Sophokles (Frg. 837) die Aussicht der eleusinischen Mysten.

Nun sind die Vorstellungen, die an Glückseligkeit geknüpft werden, begreiflicherweise alles andere als einheitlich. Was haben sich die antiken Menschen vorgestellt, wenn sie von Heil, Rettung und Erlösung hörten, wie ihnen versprochen wurde? Fingerzeige zum Verständnis geben zunächst einmal die Begriffe und ihr jeweiliger Kontext. Blickt man auf die Initiation des Lucius in die Isismysterien, wie sie Apuleius beschreibt, dann gewinnt der Myste zunächst einmal ein erfülltes und glückseliges Leben in *dieser* Welt, welches nach dem Hier und Jetzt eine analoge Fortsetzung erfahren wird. So läßt sich mit einiger Berechtigung von der doppelten Funktion der Mysterien sprechen. Sie bieten lebenspraktische Therapien an, eine „Erlösung" im Ritual, und zugleich eine Hoffnung auf ein Leben nach dem Tode.

Erlösung besitzt eine „diesseitige" und eine „jenseitige" Dimension. Die Initiation, das Absterben des „alten" Menschen und die symbolische Wiedergeburt ist ein Ergebnis ritueller Praktiken, die der Initiand über sich ergehen läßt. Die Weihen bringen Heil (*salus*) und Rettung (*soteria*) von den Widrigkeiten und Schicksalsschlägen des täglichen Lebens. Garant dieser Rettung ist die jeweilige Gottheit, Demeter, Dionysos, Isis, deren Schicksal die Verheißung und Hoffnung für den Mysten bildet. *„Faßt Mut, ihr Mysten, aus der Rettung des Gottes. Denn auch euch erwächst aus den Mühsalen Rettung"* (S. 64). Es ist bezeichnend, daß man diese Formel für verschiedene Kulte in Anspruch genommen hat, denn sie umschreibt einen typischen Vorgang und eine allgemeine Einsicht. Auch der Gottheit, die den Tod erlitten hat, ist Rettung widerfahren, die in der Kultfeier sicht- und erlebbar wurde. Daran hat sich der Gläubige zu halten, das göttliche Vorbild sichert auf diese

Weise die Wiedergeburt (*palingenesia* bzw. *renatio*) der eigenen Person.

Zwei Gesichtspunkte sind in diesem Zusammenhang wichtig. Erlösung und Rettung umschreiben Erwartungen der Mysten, die nicht zuletzt auf ein besseres Leben, abgehoben von der normalen Tristesse des Jenseits, abzielen und in einem gewissen Sinne diesseitige Wunschvorstellungen verlängern. In Plutarchs Schrift „Über die Seele", die fragmentarisch erhalten ist, werden Übergang und Erwartung des Mysterienanhängers in eingängigen Bildern beschrieben: Nach Dunkelheit, Grauen, Zittern und Entsetzen

> *„erscheint ihm wundersames Licht, oder lichte Gegenden und Wesen nehmen ihn auf, wo Ehrfurcht gebietene Klänge und Tänze, heilige Lieder und himmlische Schauspiele aufgeführt werden. In ihnen wandelt der nun Vollendete frei und ledig und schwärmt bekränzt in Gesellschaft heiliger und reiner Männer, herabschauend auf die ungeweihte Masse hienieden, die in Schlamm und Nebel einander tritt und drängt aus Furcht vor dem Tode und weil sie dem Guten im Jenseits nicht glaubt, an das Elend hienieden gefesselt"*
> (Plutarch, Fragment 178 Sandbach, Übersetzung K. Latte).

Heil und Erlösung sind, bildlich gesprochen, Gefäße, die mit ganz verschiedenen Inhalten gefüllt werden können, bis hin zum Freudenmahl mit Würfelspiel (S. 37). Derartige Projektionen besitzen notwendigerweise eine kultur- und milieubedingte Dimension, wie dies nicht zuletzt der plutarchische Text deutlich macht. Hier schaut ein esoterischer Zirkel *„heiliger und reiner Männer"* in einer paradiesischen Landschaft mit Musik und Schauspiel auf die Masse der Uneingeweihten herab, die sich in Schmutz und Dunkelheit bewegen, unwissend, unfrei und dem Tode verfallen.

Zu der Feststellung, daß also die Mysterienkulte eine *Soteriologie*, eine Erlösungslehre, besser: Erlösungsvorstellungen entwickelt haben, gehört im gleichen Maße die Einsicht, daß der Begriff Erlösung eine gewaltige gesellschaftliche und zugleich individuelle Bandbreite besitzt. Handfeste Freuden stehen ebenso zur Disposition wie höchste vergeistigte Erfahrung, das Schauen des Wahren und Schönen, wie es der philosophische Mysterienglaube verspricht, eine Spiritualisierung, die alles Materielle weit unter sich läßt.

So darf man die *soteria*, die Rettung, nicht einseitig definieren und auch nicht über den Leisten einer frühchristlichen Theologie schlagen, die Heil, Auferstehung und Unsterblichkeit in umfassender Weise zu entfalten verstand und für welche das Leben in der jenseitigen Welt die zentrale Kategorie für das Verhalten im Hier und Jetzt bildete. Bilder und Vorstellungen mochten sich im Einzelfall ähneln: Auch das Christentum kennt das himmlische Mahl (S. 114f.) und die beseligende Schau, aber dies sind Einzelphänomene, eingebunden in eine sehr viel stärkere Ausrichtung auf die „eigentliche" Existenz nach dem Tode, für die man sich zu rüsten hatte.

Damit kommen wir zum zweiten Gesichtspunkt, der im Zusammenhang der Erlösungsvorstellungen wichtig ist. Man hat den Mysterienreligionen eine ritualisierte Religiösität (M. Weber) zugesprochen, welche Erlösung und Errettung in erster Linie an den Vollzug heiliger Handlungen knüpft und die *soteria* letztlich der Heilstat der Gottheit zuspricht. Für persönliche Bewährung, welche die individuelle Erlösung mit auf den Weg bringt, ist in einem solchen System kein Platz. Die Bluttaufe im *Taurobolium*, der kultische Trank in den eleusinischen Mysterien, die heilige Mahlzeit im Mithraskult wirken als *solche*, unabhängig von der Einstellung und Lebensführung des Mysten. Die Kirchenväter haben deshalb vom christlichen Standpunkt aus gegen diese moralische Indifferenz mit allen Mitteln Stellung bezogen und darin einen wesentlichen Unterschied zum Christentum gesehen.

Ohne Frage ist die sittliche Forderung nach einer genuin christlichen Lebensführung umfassender und nachhaltiger gewesen, hat die antike Gesellschaft wesentlich mehr umgeformt als alle Mysterienkulte zusammen. Aber man darf die Ansätze zu einem „besseren", moralischen Leben, dem sich die Mysterien verpflichtet fühlten, nicht unterschlagen. „*O selig, wer beglückt, wissend um die göttlichen Weihen, ein reines Leben führt*" heißt es von den Dionysosmysten bei Euripides (Bakchen 73–75). Er bezeugt damit den Weg von einer kultischen zu einer sittlichen Reinheit, die auch der Demeterkult als Voraussetzung der Einweihung kennt. Cicero kann, rückblickend auf eine jahrhundertealte Mysterienpraxis von Eleusis, feststellen, daß sie die Menschen zur Humanität, zur rechten Lebensführung und zur *„besseren Hoffnung im Sterben"* (*rationem...cum spe meliore moriendi,* De legibus 2,36) gebracht habe. Er rückte damit eine Prägung durch die religiöse Praxis in den Blick, welche die ethischen Vorschriften in einen größeren Kontext einbinden und über den Horizont des engen Gemeinwesens hinaus die Humanität schlechthin beförderten. Inwieweit die dem Triptolemos zugesprochenen Gebote: *„Die Eltern zu ehren, die Götter mit Feldfrüchten zu verherrlichen, die Tiere nicht zu schädigen"* (S. 24) Auswirkungen gezeigt haben, ist schwer zu entscheiden. Die altägyptischen Totenbücher, in denen Osiris eine entscheidende Rolle spielt, bezeugen eine moralische Rechtfertigung des Verstorbenen, die sich auf sittliche Bewährung im Leben bezieht. Wieweit diese in den hellenistisch-römischen Mysterien noch wirksam war, ist freilich ungewiß. Askese und Enthaltsamkeit begegnen nicht allein beim Initiationsakt. *„Dreimal taucht die Anhängerin der Isis mitten im Winter in den eisigen Tiber und vor Kälte zitternd rutscht sie auf ihren blutenden Knien um den Tempel; sie reist, wenn die Göttin es befiehlt, bis zu den Grenzen Ägyptens, um Wasser aus dem Nil zu schöpfen, das sie im Tempel sprengen soll."* Dem Satiriker Juvenal verdanken wir die Schilderung derartiger Praktiken (Satiren 6,522 ff.), Züge einer weitverbreiteten Religiösität, welche rituelle Handlungen in menschliche Haltungen umzuformen sucht. Tempelandacht, Askese, Gerechtigkeitsgefühl und Solidarität, wie sie im Mithraskult gefordert werden, markieren fließende Übergänge zu einem moralisch-sittlichen Leben, dem freilich die bewußte Formung und eine langfristige Perspektive abging, wie sie beispielsweise Judentum und Christentum boten. Trotzdem läßt sich über alle einzelnen Erscheinungsformen hinweg so etwas wie eine Mysterienfrömmigkeit ausmachen, die neben der Praktizierung der Zeremonien und der

Teilhabe an den großen Festlichkeiten auch eine innere Einstellung zu Welt und Umwelt nach sich zieht.

Dieser Befund erganzt das gängige Bild vom vorherrschenden Ritualismus der Mysterienkulte und ihrer mehr oder minder starken Indifferenz gegenüber der Welt. M. Weber hat die (angebliche) Weltferne auf die Spitze getrieben, wenn er feststellt, die auf Ritualen basierende Mysterienfrömmigkeit führe vom rationalen Handeln weg (Wirtschaft und Gesellschaft 415) und besäße wenig Einfluß auf das Alltagsleben. Die Selbstzeugnisse aus den Weih- und Grabinschriften der Mysterienanhänger legen eine andere Deutung nahe. Ein gewisser Sextilius Agesilaus Aedesius führt in einer Weihinschrift an Kybele und Attis aus dem Jahre 376 n.Chr. die stattliche Reihe seiner politischen Ämter und sodann seine Zugehörigkeit zu den vielfältigen Mysterien (Mithras, Sol, Dionysos, Hekate) an, wobei die Bluttaufe, das Tauro- und Kriobolium ihm eine Wiedergeburt auf Dauer (*taurobolio criobolioque in aeternum renatus*, ILS 4152) sichert. Wichtiger als die Spekulation über die Art dieser Wiedergeburt, wie sie häufig angestellt wurde, ist aber die selbstverständliche und normale Zusammenstellung von öffentlichem Wirken und Mysterienkzugehörigkeit, welche sich hier wie in vielen anderen Fällen ergänzen. Gerade die römische Oberschicht der Spätzeit versucht, beide Bereiche zu integrieren. Die Einweihung zieht den Mysten nicht vom politischen Wirken ab; aber die öffentliche Tätigkeit kann gleichsam nur die eine Seite der Persönlichkeit abbilden, die andere gehört der religiösen Welt an, den mächtigen, göttlichen Garanten und ihrer Verehrung. Sie sind imstande, über die gegenwärtige in eine bessere Welt hinauszuführen. Beide gehören gewissermaßen als komplementäre Größen zusammen.

7. Entwicklungstendenzen

Strukturüberlegungen, wie sie bisher vorgetragen wurden, besitzen charakteristische Schwachstellen: stets lassen sich Einzelbeispiele beibringen, die sich der Struktur nicht fügen wollen. Strukturen sind darüber hinaus in einer gewissen Weise ahistorisch, weil sie unterschiedliche Phänomene aus dem Zusammenhang reißen, in die sie der Zeit und dem Raum nach gehören, und auf eine Ebene zusammenziehen: *das* allgemeine Profil der Gottheit, *die* typische Kultstätte, *der* typische Gläubige, *die* allgemeine Jenseitserwartung. Für eine begriffliche Erfassung und eine erste Sondierung ist ein solches Verfahren hilfreich und notwendig; aber man muß den Weg gegebenenfalls auch wieder zurückgehen, um die Eigentümlichkeiten der einzelnen Kulte zu verstehen. Unsere Beispiele haben darüber hinaus gezeigt, wie sehr die Mysterien von Entwicklungen in mannigfacher Weise geprägt sind. Zu den Phänomenen muß notwendigerweise die zeitliche Dimension hinzugedacht werden. Die folgende chronologische Gliederung soll wenigstens ansatzweise diese zeitliche Dimension verdeutlichen.

Wir wollen im folgenden vier entwicklungsgeschichtliche Phasen unterscheiden, die nicht unbedingt auch eine strenge historische Abfolge umschreiben. Auf einer *ersten* Stufe begegnen Vegetations- bzw. Naturgötter mit lokaler Reichweite. Demeter als Getreidegottheit in Attika, Kybele und Attis als Gebirgs-, Wald- und Baumgottheiten im kleinasiatischen Phrygien, Isis und Osiris mit ihrer Affinität zum lebensspendenden Nilwasser, Mithras, der als göttlicher Jäger im alten Iran den Stier erlegt. Sie versinnbildlichen Naturkräfte und existentielle Vorgänge, die Geburt und Tod, zumeist unausgesprochen, mit einschließen. Ihre göttliche Anwesenheit prägt bestimmte Orte und Landstriche, wo sie auf vielfältige Weise von den Einheimischen verehrt werden.

Sowohl eine genaue zeitliche Abgrenzung wie auch eine quellenmäßig fundierte Beschreibung der religiösen Phänomene sind für diese erste Stufe nur schwer zu leisten. Akzeptiert man einmal die erste Hälfte des ersten Jahrtausends v. Chr. (mit fließenden zeitlichen Grenzen nach oben und unten), dann ist dies der chronologische Rahmen, in welchem sich der griechische Demeterkult ausbildet, Dionysos, die orgiastische Gottheit aus Thrakien, in Griechenland heimisch wird und Kybele und Adonis bei den Hellenen Aufnahme findet. Im

Verlaufe des 5. Jahrhunderts findet auch der Kult des phrygischen Sabazios Eingang in Athen. Was vor ihrer Einwanderung und Übernahme durch die Griechen an einheimischen religiösen Profilen existiert hat, muß auf sich beruhen bleiben.

Entscheidend ist, daß die sich anschließende *zweite* Entwicklungsstufe gekennzeichnet ist durch Heimischwerden der Gottheiten in einer für sie zunächst fremden Umgebung; ferner bilden sich Kultgemeinschaften, in welchen der Einzelne sein „Heil" findet. Zu Jenseitserwartung, religiösem Individualismus und Gemeindebildung tritt eine stärkere sprachliche Fassung durch den Mythos, es kommen Erzählungen und Deutungen auf, welche das Schicksal der Gottheit lebendig werden lassen. All diese Elemente mögen dann auch in eine feste gottesdienstliche Form eingegangen sein, für die möglicherweise die eleusinischen Mysterien das Vorbild abgaben.

Man spricht gemeinhin von der hellenistischen Epoche, *„die sowohl theoretisch wie praktisch ein lebhaftes Interesse für die Mysterien zeigte"* (M. P. Nilsson), oder von *„hellenistischen Mysterienreligionen"* (R. Reitzenstein), in denen griechische, altorientalische und altägyptische Glaubensvorstellungen sich zu neuen Einheiten formten. Aber diese so eminent vielschichtige und produktive Phase fügt sich den gängigen zeitlichen Abgrenzungen des Hellenismus kaum. Kybele und Sabazios begegnen bereits Ende des 5. Jahrhunderts in Griechenland, Dionysos/Bacchus reicht als Mysteriengottheit, der den Verstorbenen den rechten Weg ins Jenseits weist, weit ins frühe 4. Jahrhundert (S. 30). All dies sind bemerkenswerte Zeugnisse von Mysterienfrömmigkeit in spätklassischer Zeit (spätes 5. und 4. Jahrhundert), welche in der Epoche nach Alexander dem Großen eine intensive und auch staatlich geförderte Verbreitung erfährt. Für Ptolemaios I. bildet der Sarapiskult eine wichtige religiöse Klammer seiner Königsherrschaft über Griechen und Ägypter. Stratonike, die Gattin Seleukos I., weiß sich der Dea Syria in Hierapolis (S. 67) besonders verbunden, der sie prachtvolle Heiligtümer errichtet. Über die engen Beziehungen zwischen Göttin und Königin wußten die Einwohner wundersame Geschichten zu berichten, die später Lukian mit einem gewissen Amüsement wiedergibt (Dea Syria 19ff.). Ptolemaios IV. sucht die Dionysosmysterien in seiner Religionspolitik einzubauen. Mithras figuriert als Schutzgott des Königreiches von Kommagene. Der privaten Verbreitung und dem inneren Ausbau steht also eine öffentliche Akzeptanz und eine zum Teil bewußte Förderung durch das hellenistische Königtum zur Seite, wobei individuelle Frömmigkeit und kluge Religionspolitik der Herrscher nur schwer auseinanderzuhalten sind. Die Absicht einer sozialen Kontrolle und der Wunsch, die Geheimkulte in die religiöse Landschaft des jeweiligen Reiches zu integrieren, mögen dabei eine nicht unwesentliche Rolle gespielt haben.

Das Spannungsverhältnis von geheim und öffentlich, von Förderung und Verbot prägt auch die Mysterienkulte in ihrer *dritten* Phase, die durch Ausbreitung, Blüte und hohe Bedeutung in der Gesellschaft des Imperium Romanum gekennzeichnet ist. Verbote und Vorbehalte von staatlicher Seite, die im Falle der Dionysos-/Bacchus- und der Isismysterien zur Zeit der hohen und späten Republik die Einbürgerung erschwert haben, weichen allmählich der Duldung und der aktiven Förderung durch römische Imperatoren und Kaiser (S. 46, 59, 67). Und wie es einen fließenden Übergang von der Republik zum Kaiserreich gibt, so lassen sich, was die innere Ausgestaltung der Mysterienkulte betrifft, die hellenistische und die römische Phase kaum unterscheiden. Der Grundtypus des Mysterienkultes erfährt im römischen Reich seine volle Entfaltung. Strittig sind dabei die Kontinuitätselemente im einzelnen, etwa bei den Mithrasmysterien, für die man eine bewußte Neuschöpfung in der römischen Kaiserzeit angenommen hat („*eine einmalige Schöpfung eines unbekannten religiösen Genies*“, so Nilsson, GGR 2,675). Dies spricht nicht gegen die allgemeine Annahme, daß die eigentlich innovative Phase im Hinblick auf die innere Ausgestaltung der Kulte die hellenistische Epoche bildete.

Wenn sich ein derartiges religiöses Grundmuster, wie es die Mysterienkulte darstellen, so erfolgreich ausbreiten konnte, dann beruht dieser Erfolg auf inneren und äußeren *Rahmen-*

bedingungen, die das römische Kaiserreich zur Verfügung stellte. Das Imperium verfügte über eine reiche Städtelandschaft; Politik, Wirtschaftsleben, Kultur und Religiösität waren städtisch geprägt, unbeschadet der Tatsache, daß Landwirtschaft und Landbevölkerung quantitativ die Stadt, und all das, wofür sie politisch, sozial und ökonomisch steht, weit überragte. Plätze, Straßen, öffentliche Gebäude und Häfen bilden nicht allein das Netz für Güter und Dienstleistungen, sondern dienen der Kommunikation ganz allgemein. Die Bevölkerung setzt sich besonders in den Metropolen und Hafenstädten aus einem bunten Gemisch von Einheimischen und Fremden, von Bürgern, Freigelassenen und Sklaven zusammen, die unterschiedlichen Tätigkeiten nachgehen. Sie realisieren insgesamt das, was wir heute nicht ohne Bewunderung und Respekt städtische Kultur nennen, ablesbar etwa an den reichen Hinterlassenschaften von Ostia, Pompeji, Trier oder Köln. Urbanität, Mobilität und Kommunikation bilden den Nährboden für Ausbreitung und Etablierung der Mysterienkulte. Hinzu kommen die Militärbewegungen, die Verlagerung der Soldaten im Zuge von Unruhen, Aufständen und Kriegen an den Grenzen, für welche die Pflege der Götter ein Stück Heimat in einer neuen Umgebung bedeutet. Das römische Heer stellt einen wesentlichen Multiplikator für die Mysterienkulte dar. Ihre Verbreitung folgt also genau jenen Wegen und Möglichkeiten, die auch der Ausbreitung des frühen Christentums dienen. Die Missionsreisen des Apostel Paulus, die Ausbreitung des Christentums in den Rheinlanden (Bonn, Köln, Neuss, Xanten) entlang der Verkehrswege und Militärverbindungen mögen als Beispiele genügen.

Diese eher *äußeren* Voraussetzungen erhalten ihr Gewicht durch religiöse und philosophische Überzeugungen der kaiserzeitlichen Gesellschaft, die eine verstärkte Offenheit den Mysterien entgegenbringt und damit Tendenzen der hellenistischen Zeit bruchlos fortführt. Die Suche nach persönlichem Heil und Rettung haben die alten Stadtgötter nicht befriedigen können. Der Einzelne, besonders derjenige, der außerhalb des städtischen Verbandes steht, fällt nicht unter ihren Wirkungskreis, für den sie der allgemeinen Auffassung nach zuständig waren. Die Mysteriengottheiten dagegen tragen universaleren Charakter und scheinen, ähnlich wie der Kaiserkult, dem Imperium als ganzem gemäßer. Die Übernahme von kosmischen Spekulationen, die Anbindung der Heilsgötter an Sonne und Sterne und an eine göttliche Allmacht, an eine vielnamige, aber im Wesen einheitliche *dynamis*, welche alle Stufen der Welt durchwirkt, und die auch dem einzelnen Individuum zu seinem Heil verhilft – diese philosophische Anreicherung macht die Mysteriengottheiten zunehmend attraktiv, auch und gerade bei den gebildeten und gehobenen Schichten. Dabei fördert der Hang zum Synkretismus – das Bestreben, alle Gottheiten unter ein gemeinsames Dach zu bringen – nicht nur den Monotheismus, sondern bringt auch eine allseitige Toleranz zuwege, die es erlaubt, daß die höchste Gottheit einmal Isis, ein andermal Helios, Zeus oder Hermes heißt. Aber die Attraktivität der Mysterien beruhte nicht minder auf ihren geheimnisvollen und bezwingenden Riten, die Teilhabe am Schicksal des Gottes und damit Rettung verheißen. Teilhabe (*methexis, participatio*) bezeichnet eine zentrale Kategorie der demokratischen Polis, welche die politische Herrschaft eben auf dem wirklichen *Anteil Haben* – was mehr ist als Teilnahme oder Mitwirkung – der Bürger gründet. Es ist für die hohe und späte Kaiserzeit kennzeichnend, daß dieser Wunsch nach Partizipation sich vornehmlich aufs Religiöse verlagert und dabei die Instrumente benutzt werden, welche die einzelnen Kulte zur Verfügung stellen: das fromme Sprechen, das rituelle Tun, die geistige Schau und schweigende Versenkung. M. P. Nilsson, der große Kenner der antiken Religionen, hat zurecht von einem gewandelten religiösen Weltbild der Zeit gesprochen, für die der Kraftglaube, die Transzendenz, der Ritualismus und Okkultismus wichtige Lebenselemente darstellen. Die Mysterienkulte profitieren von dieser „geistigen Großwetterlage“ und tragen sie zu wesentlichen Teilen mit.

Man kann einen derartigen Mentalitätswandel nur dann richtig verstehen, wenn man die unsicheren und kriegerischen

Zeitläufte des ausgehenden zweiten und des dritten Jahrhunderts n. Chr. mit in seine Überlegungen einbezieht. Sie brachten für viele Teile der Reichsbevölkerung Not und Elend und verbreiteten damit ein Gefühl der Ohnmacht, der Angst und der Schuld (E. R. Dodds), Bedrängnisse, die nach einem Ausweg suchen ließen. Man muß nicht einer allgemeine Niedergangs- oder gar Endzeitstimmung das Wort reden, wie dies in der Vergangenheit verschiedene Gelehrte getan haben, um festzustellen, daß die Hinwendung zu einer privaten Religiösität, in der Jenseitserwartungen eine zentrale Rolle spielen, von den düsteren Erfahrungen der eigenen Umwelt zusätzlich untermauert wurde. „*In der drückenden Atmosphäre einer Epoche der Gewalttat und der Ohnmacht sehnten die verschmachtenden Seelen sich mit unsagbarer Innigkeit danach, in die lichten Räume des Himmels zu enteilen*", so hat F. Cumont diese Wende in der Orientierung pathetisch und vielleicht auch ein wenig zu plakativ, aber im Kern doch zutreffend beschrieben. Und er vergaß nicht, darauf hinzuweisen, daß die glanzvolle Gegenwelt ja nicht nur eine spiritualistische Verheißung bot, sondern im emotionalen und festlichen Ritus die triste Lebenswelt erhellte und verschönerte. Die Anziehungskraft der Mysterienkulte gründete nicht zuletzt auf ihrer fremdartigen Prachtentfaltung, die das Ungewöhnliche, das nicht Alltägliche in bunten und ansprechenden Aufzügen zu inszenieren verstand. So ließ das lebhafte Interesse an fremden Mythen und religiösen Traditionen jedweder Art in der Kaiserzeit eine kulturelle Vielfalt entstehen, von welcher die Mysterienkulte auf ihre Weise profitierten.

Der Niedergang der Mysterien – und damit kommen wir zur *vierten* und letzten Phase – geht mit der Niederlage und der Verdrängung des Heidentums im vierten und fünften Jahrhundert n. Chr. einher. Nun treten die inneren Schwachpunkte und Defizite, welche die Mysterienkulte aufweisen, im Vergleich mit dem Christentum stärker hervor. Der allseitige Synkretismus, der die göttlichen Wesenheiten nach Belieben austauschbar macht, erzeugt beim einfachen Gläubigen mehr Verwirrung, als daß er Vertrauen in eine oberste Instanz anbietet. Die theologischen Deutungen, so sehr sie sich auch der Hilfe der Philosophie bedienen, können sich mit den christlichen Interpretationen der Heilsbotschaft nicht messen. Sittliche Lebensführung und ein hohes soziale Engagement für den Mitmenschen, den „Nächsten", führen den christlichen Gemeinden viele Anhänger zu. Auf diesen Gebieten können die Kulte lediglich Ansätze anbieten. Vor allem aber verfügen sie nicht über eine effektive, die einzelne Kultgemeinschaften überschreitende Organisation, wie sie das Christentum im römischen Kaiserreich auszubilden versteht, das in einer verbindlichen Gemeindeordnung, im monarchischen Episkopat und den Synoden ganz wesentliche Stützen seiner Existenz und seiner Ausbreitung besitzt. Anders gesagt, auf allen vergleichbaren Feldern machen die christlichen Gemeinden ein umfänglicheres und überzeugenderes Angebot als die Mysterienkulte.

Freilich, die größere Überzeugung basiert seit Konstantin dem Großen (306–337 n. Chr.) und seinem Eintreten für das Christentum nicht mehr nur auf der literarischen Auseinandersetzung zwischen Heiden und Christen, wie sie die Apologeten des dritten und vierten Jahrhunderts n. Chr. mit geistigen Waffen führen, und auf dem Respekt vor einem christlichen Lebenswandel und der mutigen Bewährung der Christen angesichts staatlicher Verfolgungen; sie hatten dem christlichen Glauben viele Anhänger eingebracht. Theodosius der Große erhebt 380 n. Chr. das Christentum zur Staatsreligion – eine wichtige Etappe in einer Kette von Begünstigungen auf der einen und Erschwernissen auf der anderen Seite. Die im 4. Jahrhundert n. Chr. einsetzende staatliche Heidenverfolgung trifft auch die Mysterienanhänger schwer. Mithräen wie das unter St. Prisca in Rom werden gegen Ende des vierten Jahrhunderts von den Christen gewaltsam zunichte gemacht, die mit Beilhieben die Fresken an den Wänden und das Kultbild zertrümmern. Das berühmte Serapeion in Alexandrien, „das größte Heiligtum des östlichen Mittelmeerraumes, einzigartig in seiner Anlage und seinem religiösem Stellenwert" (P. Brown) macht 392 n. Chr. der christliche Mob der Stadt dem Erdboden gleich, die berühmte Statue des Gottes wird in Stücke geschlagen. Der Kampf gegen die Mysteriengötter bedeutete vom christlichen Standpunkt aus auch einen Kampf gegen bösartige und schädliche Dämonen, was der Auseinandersetzung ihren grundsätzlichen und unversöhnlichen Charakter gibt.

Der Niedergang der Mysterienkulte läßt sich also als ein Resultat innerer und äußerer Prozesse verstehen, eben auch von gewaltsamen Umständen und staatlichen Verboten. Es ist nicht einfach, beide Faktoren in ein rechtes Verhaltnis zu setzen. Auch verläuft die Entwicklung regional gesehen nicht einheitlich. Umso bemerkenswerter erscheint angesichts der immer größer werdenden Einschränkungen der Mysterienkulte am Ende des vierten Jahrhunderts das Bekenntnis, das Vettius Agorius Praetextatus und seine Gattin Paulina auf ihrer Grabinschrift für das Heidentum und für die Mysteriengötter abgeben, in deren Schutz sie ihr gemeinsames Leben gestellt hatten. Der Gatte als geistiger Führer hatte Paulina den Weg gewiesen, die ihm folgende Worte mit auf den Weg gibt:

... Du bist der fromme Myste
der das in heiligen Weihen Erfahrene dem Geheimnis
des Geistes anvertraut,
Der Götter vielfältiges Wesen – du kennst und pflegst es
zur Gefährtin die Gattin dir, voller Güte, verbindend durch
die heiligen Riten ...

Du, mein Gatte, nimmst mich aufgrund der guten Verrichtungen
rein und sittsam vom Schicksal des Todes aus.
Du bringst mich in die Tempel und führst mich den Göttern zu
als Dienerin
Durch dein Zeugnis werde ich aller Mysterien teilhaftig.

Tu pius mystes sacris
teletis reperta mentis arcano premis
divumque numen multiplex doctus colis
sociam benigne coniugem nectens sacris...
... Tu me marite, disciplinarum bono
puram ac pudicam sorte mortis eximens
in templa ducis ac famulam divis dicas
te teste cunctis imbuor mysteriis.
(ILS 1259, Z. 13–16; 22–25, Übersetzung H. Kloft)

Dem ergreifenden, von tiefer Humanität geprägten Grabgedicht ist eine leise resignative Stimmung nicht fremd. Sie nimmt dem Bekenntnis nichts von seiner Würde und Bedeutung. Der Schwanengesang auf eine im Untergang begriffene religiöse Welt, die vielen Menschen des Altertums Halt und Hoffnung gegeben hatte, markiert auch inhaltlich einen Endpunkt der Entwicklung, wo alle Mysterien zusammenfallen und die Grenzen verschwimmen. Der Weg führte von regionalen Vegetationskulten zu Frömmigkeitsformen, die das gesamte Imperium umfaßten, vom naiven Ritual zur mythischen Erzählung und zur theologischen Ausdeutung, von randständiger Religiösität zur Akzeptanz und zur Förderung durch städtische Eliten. All diese Entwicklungsstufen wollen als idealtypische Trends verstanden werden. Sie überlagern sich auf vielfältige Weise, so daß die voraufgehenden Stufen stets mit anwesend und wirksam bleiben. Der Synkretismus der Mysterienkulte manifestiert sich am Ende der Antike auch darin, daß Ritual, Mythos und theologische Allegorese nebeneinander präsent sind. Das macht sie offen nach allen Seiten hin, aber zugleich auch schwach und angreifbar.

VIII. Mysterienkulte und frühes Christentum

Im Jahre 1910 veröffentlichte Rudolf Steiner (1861–1925), Begründer der einflußreichen Anthroposophischen Gesellschaft in Deutschland, ein schmales Bändchen unter dem Titel: „Das Christentum als mystische Tatsache und die Mysterien des Altertums“. Darin trug er in populärwissenschaftlicher Form Überlegungen vor, die zu seiner Zeit ebenso aktuell wie umstritten waren: Das Christentum sah er eingebettet in die heidnische und religiöse Weisheit des Altertums, die Evangelien begriff er als *hieroi logoi*, welche das Heil in der Gestalt des gekreuzigten und auferstandenen Christus erzählen und verkünden; das Kreuz auf Golgotha war ihm „der in eine Tatsache zusammengezogene Mysterienkult des Altertums“, für den die heidnischen Mysterien die vorbereitenden Elemente lieferten.

Steiners Deutung, die nicht originell war, besitzt darin ihre Bedeutung, daß sie in der Folgezeit abseits eines historischen und theologischen Fachpublikums eine große Leser- und Anhängerschaft fand. Sein Buch beleuchtet nur *eine* Epoche in der unendlichen Geschichte, die das Verhältnis der Mysterienkulte zum frühen Christentum zu beschreiben sucht – eine Geschichte, die viele Facetten besitzt und an der jede neue Forschergeneration mit eigenen Fragestellungen weiter arbeitet. Im folgenden soll es nicht um eine neue wissenschaftliche Variante gehen; vielmehr werden vergleichbare Elemente vorgestellt und methodische Gesichtspunkte bezeichnet, die im gegenwärtigen wissenschaftlichen Gespräch eine Rolle spielen.

Das frühe Christentum weist bis in die Spätantike hinein eine stetige innere und äußere Entwicklung auf: Vom Glauben der kleinen jüdischen Gemeinde zu Jerusalem, welche die Wiederkunft des Auferstandenen nahe wußte, führt der Weg über die hellenistisch-römischen Gemeinden der ersten drei Jahrhunderte, die sich in den Städten des Imperium Romanum dauerhaft etablierten und eigene Lebens- und Gemeinschaftsformen ausbildeten, bis hin zu den überregionalen Metropolitanverbänden der Spätantike, den großen Bischofskirchen zu Rom, Byzanz, Alexandrien, Karthago und Antiochien. Sie erfreuten sich kaiserlicher Protektion und nahmen bereits politische Herrschaftsfunktionen wahr. Hinter diesem imposanten Weg ist auch ein gewaltiger *innerer* Assimilierungsprozeß zu erkennen, der Auseinandersetzung, Übernahme und Widerstand im Hinblick auf die religiöse und geistige Umgebung, und nicht zuletzt auch im Hinblick auf die Mysterienkulte beweist. Diesen Prozeß darf man nicht auf das 1. Jahrhundert n.Chr. und den Apostel Paulus reduzieren, wie dies in der Theologie häufig geschieht, so unentbehrlich diese Zeit und diese Person für die Formulierung und Festlegung christlicher Wahrheiten waren, und dabei nur die theologischen Äußerungen ins Auge fassen. Die Frage, wie die christliche Botschaft von den Zeitgenossen aufgenommen und verarbeitet wurde, bedeutet dem Historiker ebensoviel.

Für den Philosophen Kelsos, der um 178 n. Chr. eine Polemik gegen das Christentum („Alethes logos“, Wahres Wort) verfaßte, ähnelten die christlichen Gemeinden den Mysterienvereinen. Die zeitgenössischen christlichen Autoren sahen in den Sakramenten der Taufe und des Herrenmahles die ursprünglichen und von Gott gegebenen Stärkungsmittel, welche die heidnischen Mysterien, veranlaßt durch Teufel und Dämonen, lediglich nachahmten. Die als notwendig empfundene Abgrenzung bestätigt freilich ungewollt die Vergleichbarkeit der Rituale und der Kultgemeinde, so wie es die Umwelt empfand. Der bedeutende Bischof Ambrosius von Mailand († 397 n. Chr.) kann in seinem Buch über die Mysterien („De mysteriis“, verfaßt gegen Ende des 4. Jahrhunderts n. Chr.) die Sakramente Taufe, Firmung und Eucharistie ganz unbefangen als Mysterien deuten, durch die Christus seine Kirche stärkt und so im Gläubigen das Bewußtsein der Regeneration und der Wiedergeburt, *renatio*, wachhält (cap. 55ff). Die Sakramente sind ihrer Beschaffenheit und ihrer Wirkung nach Geheimnisse, der Eingeweihte darf sie nicht auf dem offenen Markte preisbieten. Sie unterliegen, wie nicht nur Ambrosius immer wieder betont, der Geheimhaltung. So entwikkelt sich gegen Ende des 4. Jahrhunderts n. Chr., ausgehend von den Sakramenten, die Vorstellung einer christlichen *Arkandisziplin*, die einen geheimzuhaltenen Kernbestand im Inneren zu wahren und ihn gegen das feindliche und heidnische Draußen abzuschirmen hat.

Die weitgehende Verwendung der Begriffe und Bilder, wie sie die Mysterienkulte ausgebildet hatten und welche das Christentum gewollt oder ungewollt in ihre Nähe rücken, birgt Interpretationsprobleme, die nur angedeutet werden können. Es geht dabei nicht nur um philologische Fragen. Die christliche Botschaft richtete sich an die Bewohner des Imperium Romanum, die bestimmte Lebensweisen und Mentalitäten besaßen und denen das Evangelium verständlich und akzeptabel gemacht werden mußte. Rudolf Bultmann, der große deutsche

Religionswissenschaftler (1884–1976), hat zu Recht nachdrücklich darauf hingewiesen, daß mit der Ausbreitung des Judenchristentums in die hellenistisch-römische Zivilisation hinein eine Kultfrömmigkeit prägend und verbindlich wurde, die sich an traditionellen religiösen Mustern orientierte. „*Der Kyrios Jesus Christus wurde nach Art einer Mysteriengottheit verstanden, an deren Tod und Auferstehung der Gläubige durch den Empfang der Sakramente teil gewinnt.*"

Im Christustitel *Kyrios* – Herr – wird die ungemein wichtige Nahtstelle zwischen Mysterienkulten und Christentum als Problem sichtbar. Tod und Auferstehung des Gottessohnes, Teilhabe und Erlösung der Gläubigen, Taufe und Herrenmahl als zentrale Rituale der christlichen Kultfeiern – wie wurden sie verstanden und praktiziert, wie waren sie eingebettet in einen gesamtchristlichen Kontext?

Geht man auf diese Fragen näher ein, so bemerkt man rasch, daß die Quellen unterschiedliche Antwort geben und *das* Christentum oder *die* christliche Botschaft sich nach Zeit und Raum durchaus unterschiedlich präsentieren. Vor allem wissen wir relativ wenig, wie die jeweiligen Christen die Glaubensinhalte aufgenommen und gelebt haben, welche Kompromisse sie in ihren religiösen Überzeugungen eingegangen sind. Wahrscheinlich wird für den schlichten Gläubigen die Nähe und Übereinstimmung mit den Mysterien sehr viel deutlicher gewesen sein, als dies in den theologischen Traktaten zum Ausdruck kommt, die eher um Abgrenzung bemüht sind und die fundamentalen Unterschiede hervorheben, die zwischen Christentum und heidnischen Mysterien bestehen.

Der Zwiespalt tritt besonders stark bei der *Taufe* hervor. Sie war der entscheidende Akt des Übergangs, trug den Charakter der Initiation und beruhte auf symbolischen, sakramentalen Handlungen ebenso wie auf persönlicher Vorbereitung und Bekenntnis. Die Taufe galt, wie bereits christliche Autoren des 2. Jahrhunderts n.Chr. ausführen, als Bad der Wiedergeburt, die das ewige Leben sichert, und als Siegel (*sphragis*) der Vollendung. Sie war Einweihungsfeier (*teleiosis*), aber in ihrem rituellen Vollzug auch gebunden an die individuelle Willensentscheidung des Täuflings. Sehr viel stärker als in den heidnischen Mysterien tritt damit die ethische Dimension der Reinigung und der Einweihung in den Vordergrund, schon allein darin sichtbar, daß dem feierlichen Eintritt eine Zeit des Übergangs vorgeschaltet wurde, der Katechumenat (*katechesis* – die Unterweisung) als Vorbereitung und als Bewährung. Damit wurde, ähnlich wie bei den Mysterien (S. 89f.), der existenzielle Charakter des Übergangs betont, der durch eine reiche Symbolik seine augenfälligen Konturen erhält. Die Absage und die Austreibung des Bösen (bis hin zum Anspucken des Teufels), die Abwendung vom „Fürsten der Finsternis", dem „Schwarzen", hin zum Licht, zu Christus, der Sonne der Gerechtigkeit, die im Osten aufgeht; das dreimalige Untertauchen in fließendes Wasser im Namen der Dreifaltigkeit, um die Sünden, den Schmutz der Welt, gründlich zu beseitigen; die Übermittlung des Geistes durch Handauflegung, die Salbung mit heiligem Öl, das Anlegen von weißen Leinengewändern, Milch und Honig als erste Nahrung für das durch die Taufe neugeborene Gotteskind – es war diese reiche und sich allmählich entwickelnde Liturgie, die den neuen und mächtigen Christengott in herkömmlicher Form präsentierte und ihn dem Täufling verständlich machte. Er vermochte so die Mysterien der Taufe und die Wirksamkeit der heiligen Handlungen in seine Gedankenwelt einzuordnen. Magische, sakramentale und spirituelle Auffassungen durchdringen sich bei der christlichen Taufe und bilden eine nur schwer zu entwirrende Gemengelage.

In ähnlich vielschichtiger Weise präsentiert sich auch das zweite zentrale christliche Sakrament, die *Eucharistie*. Das kultische Mahl als Danksagung an die Gottheit und als Versöhnungsgeste, gleichzeitig als gemeinschaftsstiftende Aktion, die den Teilnehmern Kraft übermittelt und ihre Zusammengehörigkeit zum Ausdruck bringt – diese elementare Erfahrung kannten die großen heidnischen Religionen, die Mysterienkulte und nicht zuletzt das Judentum. Die frühen Christen wußten das letzte Gemeinschaftsmahl Jesu mit seinen Jüngern in diese große religiöse Tradition zu stellen, wobei durch die

Verwendung von Brot und Wein die „Danksagung" (*eucharistia*) mit der Zeit den Charakter eines Opfers, eines *sacrificium*, erhielt. Es war dieser heidnische Opfergestus, der das gemeinschaftliche Herren- bzw. Liebesmahl (*Agape*) zum Sakrament und zum christlichen Mysterium machte. Zentrale Figur des Vorgangs wird der Priester, der Speise und Trank durch feierliche Ansprache (*Epiklese*) in Leib und Blut des Herren umwandelt, dessen Empfang die Gläubigen zu Teilhabern macht: am Opfer, an der Gottheit, an ihrem Tod und ihrer Auferstehung. So wird die Eucharistie zum Garanten und zum „Arzneimittel der Unsterblichkeit" (*pharmakon athanasias*). Sie ist für den Christen das Medium, das Bindeglied zwischen Gott und Mensch, voller abgrundtiefer Geheimnisse und deshalb das Mysterium schlechthin.

Verwandlung durch die Priesterworte, Einverleibung und Teilhabe der Gläubigen – der Charakter der Eucharistie wäre unvollkommen, würde man nicht auf die besonderen Vorbereitungen der Gemeinde, Reinigung, Gebete und Anrufungen hinweisen, welche die Eucharistie in einen größeren gottesdienstlichen Rahmen einbettet. Für diesen ist beides wesentlich: die magisch-sakramentale Dimension des Mahles, das aus sich selbst heraus wirkt, und die ethische Zurüstung der Gemeinde, die „Würdigkeit" der Essenden und Trinkenden, die vorhanden sein oder hergestellt werden muß.

So manifestiert sich die Nähe zu den Mysterienkulten hauptsächlich in drei Dingen: im Schicksal des toten und auferstandenen Gottessohnes, in den Sakramenten und in der Übernahme des Schweigegebotes, welches sich freilich ab dem 5. Jahrhundert n. Chr. mehr und mehr verliert. Übereinstimmung und Ähnlichkeiten betreffen die Inhalte ebenso wie die Sprache und die Bilder, in denen die christliche Botschaft vermittelt wurde. Schon Paulus bedient sich in der Metapher *„den Herrn Jesus Christus anziehen"* (Römer 13,14, vgl. auch Galater 3,27) der Mysteriensprache und der Usancen, wie sie etwa Lucius bei der Einweihung in die Isismysterien beobachtet (S. 90). Das neue Gewand signalisiert das Ablegen des alten und den Beginn des neuen Menschen. *„Komm, ich will Dir* *den Logos zeigen und die Mysterien des Logos, und ich will sie Dir erklären in Bildern, die Dir vertraut sind.*" In dieser Aufforderung, die der christliche Philosoph Clemens von Alexandrien († 215 n.Chr.) an die gebildeten Heiden richtet, um sie von den verwerflichen heidnischen zu den wahren christlichen Mysterien zu führen, wird deutlich, daß die Vorstellungskraft der damaligen Menschen in Sprache und Bildern vorgeprägt war. Man mußte sie dort „abholen", wo sie standen. Zentrale religiöse Erfahrungen wie Tod, Auferstehung, Heil, Rettung und Erlösung verbanden sich mit sprachlichen Figuren und erforderten ein rituelles Tun, welches die Akteure in das heilige Geschehen einband. Dieser sprachliche und rituelle Fundus war traditionell vorgegeben.

In diesem Sinne erschließt sich die Verwandschaft von Christentum und Mysterienkulten nicht als Abhängigkeit mit der unausweichlichen Frage: Wer verfügt über die Ursprünge und wer hat was übernommen? Beide haben auf ihre Weise menschliche Grunderfahrungen und religiöse Bedürfnisse zum Ausdruck und zur Anschauung gebracht. Beide sind auf dem Boden einer antiken Zivilisation und Geisteskultur entstanden und gewachsen. Beide sind Ausformungen antiker Religiösität, ohne auf diesen Horizont beschränkt zu sein.

„*Das Christentum ist auch Mysterienreligion*", so hat es der einflußreiche deutsche Theologe Adolf von Harnack (1851–1930) in seinem epochemachenden Buch „Die Mission und Ausbreitung des Christentums" formuliert. Wichtig waren ihm über die klar zu Tage liegende Mysteriendimension hinaus andere Bestandteile, die nicht nur für ihn das Wesen des Christentums ausmachten: die Theologie vom allmächtigen Vatergott und der Erlösungstat seines Sohnes, die hohe Sittlichkeit, das tiefe soziale Engagement (*das Evangelium der Liebe und der Hilfeleistung*). Auf diesem inhaltlichen Boden erwuchs ein neues Gottesvolk, das nach dem Ausbleiben der Wiederkunft des Herrn gezwungen war, ein dauerhaftes religiöses Gebäude zu errichten und langfristige Organisationsformen auszubilden. In diesem Sinne war, so Harnack, das frühe Christentum auch eine synkretistische Religion, weil es ganz unterschiedliche Bausteine und Traditionen zu vereinnahmen wußte.

Damit treten nun in der Tat die wesentlichen *Unterschiede* in den Blick, die über den Horizont der antiken Mysterienkulte entschieden hinausweisen. Eine umfassende sittliche Haltung prägte mehr und mehr das tägliche Leben und die tägliche Arbeit. Auf diesem Felde verfügten die Mysterienkulte über einige Ansätze (S. 99f.). Beeindruckend waren für die Zeitgenossen die sozialen Leistungen der frühen Christengemeinden, welche das Gebot der Nächstenliebe in konkrete Hilfeleistungen und Institutionen umzugießen verstanden: Armenfürsorge, Unterstützung der Witwen und Waisen, Krankenhilfe, Gefangenenloskauf. Diese soziale Dimension des frühen Christentums läßt sich kaum überschätzen, sie gewann im 4. und 5. Jahrhundert n. Chr. noch dadurch an Bedeutung, daß die großen Gemeinden mit tatkräftigen Bischöfen an der Spitze reich und vermögend wurden – eine Zunahme an wirtschaftlicher Potenz und „Verweltlichung", die auch höchst bedenkliche Seiten besaß. Aber gerade in den Umbruchszeiten der Spätantike schufen die christlichen Gemeinden für ihre Mitglieder neben der religiösen auch eine soziale Heimat.

Schließlich mangelte es den Mysterienkulten an inneren und äußeren *Organisationsformen*. Sie prägten die christliche Gemeinde (*ekklesia*), indem sie die Lebensweise ihrer Mitglieder zu formen suchten und eine feste institutionelle Struktur annahmen. Der Bischof mit Leitungsfunktion, darunter die Presbyter und Diakone, allmählich auch eine ganze Schar von untergeordneten Amtsdienern, die für den Vollzug des Kultes wichtig waren – sie repräsentierten im gewissen Sinne die Gemeinde auch nach außen. Nun stützten sich auch die Mysterienkulte auf eine derartige Hierarchie, aber sie war sehr viel schwächer ausgebildet. Vor allem aber bildeten die christlichen Gemeinden seit dem 2. Jahrhundert n. Chr. auch überregionale Zusammenkünfte aus, die Synoden bzw. Konzilien (griechisch *synodoi*, lateinisch *concilia* – Versammlungen, Zusammenkünfte). So entstanden kirchliche Großverbände, die sich an der römischen Provinzialordnung orientierten und damit ein erfolgreiches politisches Ordnungsgefüge übernahmen.

Mit einer derartigen Organisation, einer eindrucksvollen Theologie und einem beeindruckenden sozialen Engagement war das Christentum den Mysterienkulten weit überlegen. Es hatte aus dem Judentum und der griechisch-römischen Welt wesentliche Elemente integriert und dabei einen inneren Glaubenskern zu wahren verstanden. Der Erfolg des Christentums liegt, rückblickend gesehen, auch darin begründet, daß es die allseitige Vermischung, wie sie die späten Mysterienkulte kennen, und den allgemeinen Synkretismus der Spätantike in dieser Form nicht mit vollzogen hat. Vom Kaiser Severus Alexander (222–235 n. Chr.) weiß man, daß er in seiner Hauskapelle neben den Laren und Penaten, den römischen Hausgöttern, die Bilder des Philosophen Apollonius von Tyana, dazu Christus, Abraham und Orpheus aufgestellt hatte. Mithrasanhänger waren vielfach auch Anhänger der Isis, der Kybele und des Dionysos. Die Gottheiten waren austauschbar, alles war eins. Diesen Weg ist das Christentum, bei aller Übernahme religiöser, philosophischer und politischer Strukturen, aufs Ganze gesehen nicht gegangen, wiewohl in der frühchristlichen Kunst der Sonnengott Sol oder der göttliche Sänger Orpheus dem Heiland und guten Hirten Jesus Christus angenähert wurden. Damit eröffnete sich ein spannungsreicher Dialog mit unterschiedlichen Deutungsmöglichkeiten, der nicht nur auf die spätantike Bildersprache beschränkt blieb.

Es war nicht zuletzt diese Mischung von Integrationsvermögen, Distanz und Intoleranz, die dem Christentum seine Erfolge und seine besondere Identität sicherte. Vor allem die weit verbreitete Bilder- und Symbolsprache der Mysterienkulte hatte es den christlichen Autoren angetan, von ihr machten sie ausgiebig Gebrauch. Die wahren Mysterien eröffnete der Glaube an den Christengott; dieser verbürgte durch sein Wort und seine Heilstat, was die Mysterienkulte lediglich versprachen. So formuliert es Clemens von Alexandrien am Ende seiner Mahnrede an die Heiden:

Orpheus, der göttliche Sänger in orientalischer Gewandung mit Lyra und Plektron. Die Überwindung der Unterwelt und die friedliche Harmonie mit der Natur verweisen auf das christliche Paradies und rücken den heidnischen Heros in die Nähe des christlichen Heilandes (römische Katakombenmalerei aus dem 4. Jh. n. Chr.).

O wie wahrhaftig heilig sind die Mysterien, o wie lauter das Licht! Vom Fackellicht werde ich umleuchtet, damit ich den Himmel und Gott schauen kann; ich werde heilig dadurch, daß ich in die Mysterien eingeweiht werde; der Herr enthüllt die heiligen Zeichen (er ist Hierophantes) und drückt dem Eingeweihten durch die Erleuchtung sein Siegel auf und übergibt den, der gläubig geworden ist, der Fürsorge des Vaters, damit er für die Ewigkeit bewahrt werde. Dies sind die Bakchosfeste meiner Mysterien; wenn Du willst, so lasse auch Du dich einweihen.“
(Protreptikos XII 120, 1 f., Übersetzung O. Stählin)

Mysterien, Einweihung, Schau Gottes als höchste Stufe unvergänglicher Seligkeit – dies sind mehr als nur sprachliche Anleihen. In der Auseinandersetzung werden sich die Kontrahenten in gewisser Weise immer ähnlicher. Und so verwundert es nicht, daß auch nach dem äußeren Sieg des Christentums über die heidnischen Kulte im 4. und 5. Jahrhundert n. Chr. die Mysterien in der Kirche nach wie vor präsent blieben, für den Kundigen in vielen Symbolen und Ritualen aufgehoben, die nach wie vor zum abendländischen Erbe und zur Tradition dieser Religionsgemeinschaft gehören.

Wir sind damit am Ende unseres Überblicks angekommen. Es ist eine notwendige und lohnende Aufgabe, den antiken Überresten im frühen Christentum nachzuspüren, von denen die Mysterien lediglich einen Teil ausmachen. Dies war der eine Strang unserer Betrachtung. Aber selbstverständlich besitzen die Kulte ihre eigene Geschichte im Rahmen der antiken Religiösität. Sie lassen sich nicht zu bloßen Vorläufern des Christentums und zu seinen Konkurrenten abwerten. Beide Sehweisen gehören zusammen und fördern das Verständnis eines faszinierenden Gegenstandes der Alten Welt. Den Charakter des Geheimnisvollen haben sie bei aller historischen Forschung nie ganz verloren.

IX. Abkürzungsverzeichnis

ANRW	Aufstieg und Niedergang der römischen Welt, Hrsg. von H. Temporini, W. Haase
Apul.Met.	Apuleius, Metamorphosen
Burkert,	W., Antike Mysterien
Civ.Dei	Augustinus, de civitate Dei, Vom Gottesstaat
Cumont,	F.,Die orientalischen Religionen im römischen Heidentum
Firm.Mat.err.	Firmicus Maternus, De errore profanarum religionum, Über den Irrtum der heidnischen Religionen
Hom.Dem.	Homer, Hymnus an Demeter
ILS	Inscriptiones Latinae Selectae I–III, Hrsg. von H. Dessau, Auswahl lateinischer Inschriften
Juv.Sat.	Juvenal, Satiren
leg.	Cicero, de legibus, Über die Gesetze
Nilsson,	M.P., Geschichte der griechischen Religion
OCD	Oxford Classical Dictionary, Hrsg. von S. Hornblower und A. Spawforth
Plut.mor.	Plutarch, Moralia, Moralische Schriften
Prot.	Clemens von Alexandrien, Protreptikos, Mahnrede an die Heiden
RAC	Reallexikon für Antike und Christentum
RE	Pauly's Realencyclopädie der classischen Altertumswissenschaft
Suet.	Sueton, Lebensbeschreibungen der Kaiser
Syll.	Sylloge Inscriptionum Graecarum, Sammlung griechischer Inschriften, hrsg. von W. Dittenberger
Tac.ann.	Tacitus, Annalen
TRE	Theologische Realenzyklopädie
Turcan,	R., The Cults of the Roman Empire
Val.Max.	Valerius Maximus, Denkwürdige Taten und Aussprüche

X. Literaturhinweise

I. Zusammenfassende Lexikon-Artikel (mit weiterführender Lit.)
Kern, O., Hopfner Th., RE 16, 1935, 1209 ff., s.v. *Mysterien;* **Fauth, W.**, Kleiner Pauly 3, 1975, 1533 ff., s.v. *Mysterien;* **Zeller, D.**, TRE 23, 1994, 503 ff., s.v. *Mysterien, Mysterienreligionen;* **Gordon, R. G.**, OCD, 1996, 1017 f., s.v. mysteries.

II. Handbücher
Burkert, W., *Griechische Religion der archaischen und klassischen Epoche,* Stuttgart, Berlin, Köln, Mainz 1977; **Latte, K.**, *Römische Religionsgeschichte*, München 1960; **Nilsson, M.P.**, *Geschichte der griechischen Religion,* München, I 1967^{3}, II 1974^{3}; **Wissowa, G.**, *Religion und Kultus der Römer*, München 1912^{2}

III. Forschungsberichte und Gesamtreihen
Temporini H., Haase, W., Hg., ANRW, Berlin-New York 1972 ff.; II 17,3 f. und 18, 1–6; mit einem reichen Überblick über die einzelnen Mysterienkulte der römischen Kaiserzeit, vornehmlich regional geordnet, Beispiel: **Malaise, M.**, *La diffusion des cultes égyptiens dans les provinces européens de l'empire romain*, ANRW II 17,3, 1984, 1615 ff.
Vermaseren, M.J., Hg., *Etudes préliminaires aux religions orientales dans l'empire Romain,* Leiden 1961 ff. (EPRO), Beispiel: **Schwertheim, E.**, Die Denkmäler orientalischer Gottheiten im römischen Deutschland, Leiden 1975 (= EPRO 40); weitergeführt als *Religions in the Graeco-Roman World*, hg. von **van den Broek, R.**, u.a.

IV. Gesamtdarstellungen
Burkert, W., *Antike Mysterien, Funktion und Gehalt,* München 1994^{3}; **Bremmer, J.N.**, *Götter, Mythen und Heiligtümer im antiken Griechenland,* Darmstadt 1996; **Cumont, F.**, *Die orientalischen Religionen im römischen Kaiserreich*, Leipzig 1931^{3} (ND 1969); **Giebel, M.**, *Das Geheimnis der Mysterien*, München 1993; **Godwin, J.**, *Mystery Religions in the Ancient World*, London 1981; **Reitzenstein, R.**, *Die hellenistischen Mysterienreligionen nach ihren Grundgedanken und Wirkungen,* Leipzig-Berlin 1927^{3}; **Turcan, R.**, *The Cults of the Roman Empire,* Oxford 1996 (org. Paris 1989); **Vermaseren, M.J.**, Hg. *Die orientalischen Religionen im Römerreich*, Leiden 1981

V. Demeter und Eleusis
Brumfield, A.C., *The Attic Festivals of Demeter,* New York 1981; **Clinton, K.**, *Myth and Cult. The Iconography by the Eleusinian Mysteries*, Stockholm 1992; **Graf, F.**, *Eleusis und die orphische Dichtung in vorhellenistischer Zeit*, Berlin 1974; **Hinz, V.**, Der Kult von Demeter und Kore

auf Sizilien und in der Magna Graecia, Berlin 1998; **Kerényi, K.**, *Die Mysterien von Eleusis*, Zürich 1962; **Mylonas, G.E.**, *Eleusis and the Eleusinian Mysteries*, Princeteon 1961

VI. Dionysos – Sabazios
Bruhl, A., *Liber Pater. Origine et expansion du culte dionysiaque à Rome et dans le monde romain*, Paris 1953; **Carpenter, T.H., Faraone, C. A.**, Hg., *Masks of Dionysus*, Ithaca 1993; **Henrichs, A.**, OCD[3], 1996, 479 ff., s.v. Dionysos; **Jeanmaire, H.**, *Dionysos, Histoire du culte de Bacchus*, Paris 1951; **Johnson, S. E.**, *The Present State of Sabazios Research*, in: ANRW II 17,3, 1984, 1583 ff.; **Merkelbach, R.**, *Die Hirten des Dionysos. Die Dionysos-Mysterien der römischen Kaiserzeit und der bukolische Roman des Longos*, Stuttgart 1988; **Nilsson, M.P.**, The Dionysiac Mysteries of the Hellenistic and Roman Age, Lund 1957

VII. Isis-Osiris-Sarapis
Assmann, J., *Ägypten, eine Sinngeschichte*, Darmstadt 1996; **Heyob, S.K.**, *The Cult of Isis among Women*, Leiden 1975; **Hornbostel, W.**, *Sarapis*, Leiden 1973; **Hornung, E.**, Hrsg., *Das Totenbuch der Ägypter*, Zürich, München 1979, **Merkelbach, R.**, *Isis Regina – Zeus Sarapis*, Stuttgart, Leipzig 1995; **Solmsen, F.**, *Isis among the Greeks and Romans*, London 1979; **Tacács, S.A.**, *Isis and Sarapis in the Roman World*, Leiden 1995; **Vidman, L.**, *Isis und Sarapis bei den Griechen und Römern*, Berlin 1970; **Witt, R.E.**, *Isis in the Graeco-Roman World*, London 1971

VIII. Kybele, Attis und das Taurobolium
Duthoy, R., *The Taurobolium – Its Evolution and Terminology*, Leiden 1969; **Hepding, H.**, *Attis, seine Mythen und sein Kult*, Gießen 1903 (Neudruck 1967); **Sfameni Gasparro, G.**, *Soteriology and Mystic Aspects in the Cult of Cybele and Attis*, Leiden 1985; **Vermaseren, M.J.**, *Cybele and Attis, The Myth and the Cult*, London 1977, **ders.**, *Der Kult der Kybele und des Attis im römischen Germanien,* Stuttgart 1979

IX. Dea Syria und Jupiter Dolichenus
van Berg, P.L., *Corpus cultus Deae Syriae I–II,* Leiden 1972; **Hörig, M.**, *Dea Syria-Atagartis, in:* ANRW II 17,3, 1984, 1536 ff.; **Hörig, M., Schwertheim, E.**, *Corpus Cultus Jovis Dolicheni*, Leiden 1987; **Speidel, M.**, *The Religion of Jupiter Dolichenus in the Roman Army*, Leiden 1978

X. Mithras
Beck, R., *Mithraism since Franz Cumont,* in: ANRW II 17,4, 1984, 2002 ff.; **Brashear, W.M.**, *Ein mithräischer Katechismus aus Ägypten* in Berlin, in: Antike Welt 24, 1993, 2 ff.; **Clauss, M.**, *Mithras, Kult und Mysterien*, München 1990; **Cumont, F.**, *Die Mysterien des Mithra*, Leipzig 1923[3]; **Hinnels, J.R.**, Hrsg., *Mithraic Studies I–II*, Manchester 1975;

Merkelbach, R., *Mithras,* Königstein 1984; **Piccottini, G.**, *Mithrastempel in Virunum*, Klagenfurt 1994; **Ulansey, D.**, *The Origins of Mithraic Mysteries*, Oxford 1991 (dt. Stuttgart 1998); **Vermaseren, M. J.**, *Mithras, Geschichte eines Kultes,* Stuttgart 1965

XI. Die Kabiren und Samothrake

Ehrhardt, H., *Samothrake, Heiligtümer in ihrer Landschaft und Geschichte als Zeugen antiken Geisteslebens*, Stuttgart 1985; **Guettel Cole, S.**, *Theoi Megaloi. The Cult of the Great Gods of Samothrake,* Leiden 1984; **Hemberg, B.**, *Die Kabiren*, Uppsala 1950

XII. Mysterienkulte und Christentum

Andresen, C., *Die Kirchen der alten Christenheit,* Stuttgart u.a. 1971, **Brown, P.**, *Macht und Rhetorik in der Spätantike, der Weg zu einem christlichen Imperium*, München 1995; **Bultmann, R.**, *Das Urchristentum im Rahmen der antiken Religionen* (1949), München 1992; **Colpe, C. u. a.**, Hg., *Spätantike und Christentum*, Berlin 1992; **Dodds, E. R.**, *Heiden und Christen in einem Zeitalter der Angst*, Frankfurt 1985; **Geffken, J.**, *Der Ausgang des griechisch-römischen Heidentums, Heidelberg 1929* (Neudruck 1972); **von Harnack, A.**, *Die Mission und Ausbreitung des Christentums*, Leipzig 1924[4] (ND 1985); **Jacob, Chr.**, *Arkandisziplin, Allegorese, Mystagogie,* Frankfurt 1988; **Klauck, H. J.**, *Die religiöse Umwelt des Urchristentums I–II,* Stuttgart-Berlin-Köln 1995; **Lease, G.**, *Mithraism and Christianity*, in: ANRW II, 23,2, 1980, 1306 ff.; **Leipoldt, J.**, **Grundmann W.**, Hg., *Umwelt des Urchristentums I–II*, Berlin 1985[7]; **Markschies, Ch.**, *Zwischen den Welten wandern. Strukturen des antiken Christentums,* Frankfurt 1997, **Nock, A. D.**, *Hellenistic Mysteries and Christian Sacraments* (1952) in: Essays on Religions and the Ancient World II, Oxford 1972, 791 ff.; **Rahner, H.**, *Griechische Mythen in christlicher Deutung, Zürich 1957[3];* **Steiner, R.**, *Das Christentum als mystische Tatsache und die Mysterien des Altertums,* Dornach 1925, **Stutzinger, D.**, Hrsg. *Spätantike und frühes Christentum*, Frankfurt 1983; **Wiens, D. H.**, Mystery Concepts in Primitive Christianity and its Environment, in: ANRW II 23,2, 1980, 1248 ff.

XIII. Übergreifende Aspekte

Bianchi, U., **Vermaseren, M.**, Hg., *La Soteriologia dei culti orientali nell'impero Romano,* Leiden 1982; **Burkert, W.**, *Klassisches Altertum und antikes Christentum*, Berlin-New York 1996, **Eliade, M.**, *Das Mysterium der Wiedergeburt*, dt. Frankfurt 1988; **Fauth, W.**, *Helios Megistos. Zur synkretistischen Sonnentheologie der Spätantike*, Leiden 1995; **Kippenberg, H. G.**, *Die vorderasiatischen Erlösungsreligionen in ihrem Zusammenhang mit der antiken Stadtherrschaft, Frankfurt 1991*; **Riedweg, Ch.**, *Mysterienterminologie bei Platon, Philon und Klemens von Alexandrien,* Berlin 1987; **Strathmann, H.**, *RAC I*, 1950, 919 ff. s.v. *Auferstehung;* **Weber, M.**, *Wirtschaft und Gesellschaft I–II,* Tübingen 1956